校园感恩励志教育巡回演讲系列丛书

感恩成就人生

徐望华◎编著

中国财富出版社

图书在版编目（CIP）数据

感恩成就人生 / 徐望华编著 . —北京：中国财富出版社，2017.11
（2021.8 重印）
（校园感恩励志教育巡回演讲系列丛书）
ISBN 978 - 7 - 5047 - 3703 - 8

Ⅰ.①感…　Ⅱ.①徐…　Ⅲ.①品德教育　Ⅳ.①D64

中国版本图书馆 CIP 数据核字（2017）第 278671 号

策划编辑	谢晓绚	**责任编辑**	张冬梅　周　畅		
责任印制	梁　凡　郭紫楠	**责任校对**	孙会香　卓闪闪	**责任发行**	董　倩

出版发行	中国财富出版社		
社　　址	北京市丰台区南四环西路 188 号 5 区 20 楼	**邮政编码**	100070
电　　话	010 - 52227588 转 2098（发行部）		010 - 52227588 转 321（总编室）
	010 - 52227588 转 100（读者服务部）		010 - 52227588 转 305（质检部）
网　　址	http://www.cfpress.com.cn		
经　　销	新华书店		
印　　刷	宝蕾元仁浩（天津）印刷有限公司		
书　　号	ISBN 978 - 7 - 5047 - 3703 - 8/D · 0147		
开　　本	710mm × 1000mm　1/16	**版　　次**	2018 年 2 月第 1 版
印　　张	9	**印　　次**	2021 年 8 月第 10 次印刷
字　　数	162 千字	**定　　价**	52.00 元

序：感恩，不要忘了说声谢谢

在漫长的学习、成长道路上，有些人喜欢单枪匹马做孤胆英雄，喜欢独往独来。但是，要知道不管是谁，要想取得学习上的进步和突破，终究需要他人的热心帮助——同学的相互鼓励、老师的谆谆教导、父母的默默支持。所以，在求学的道路上，我们应该感谢帮助过我们的人。我国历来就讲究养育之恩、知遇之恩、培养之恩、提携之恩、救命之恩等，提倡“知恩图报”和“滴水之恩，当涌泉相报”。古人说“施人慎勿念，受施慎勿忘”，也是这个道理。

有一位美国医生，他给那些受焦虑、忧愁、挫折或者自我怀疑折磨的病人开了一个独特的处方，称之为“谢谢你疗法”。他要求患者无论何时何地、无论何人对自己表示关心时都说声“谢谢”，并强调要面带微笑，这样坚持六周。结果大多数病人的症状在六周内得到明显改善。

一次，我去看望一位二十多年前的小学班主任，向她表达藏在我心中的谢意。我话还没有说完，就见她眼里闪烁着激动的泪花。我想，就算我们没有及时向帮助我们的人表达感激之情也没有关系，关键是不要忘了在有机会时第一时间说出“谢谢你”。

我想起了这样一个传说。两个人同时去见上帝，问上帝去天堂的路怎么走。上帝见两人饥饿难耐，先给他们两人每人一份食物。一人接过食物很是感激，连声说：“谢谢！谢谢！”另一人接过食物无动于衷，仿佛这份食物就该给他似的。之后，上帝只让那个说“谢谢”的人进了天堂，另一个人则被拒之门外。被拒的人不服，说道：“我不就是忘了说声‘谢谢’吗?”“你不是忘了，而是没有感恩的心，就说不出‘谢谢’。不知感恩的人就不知爱别人，也得不到别人的爱。”上帝接着说，“这就没办法了，因为天堂的路是用感恩的心铺成的，进天堂的门只有用感恩的心才能打开，而下地狱则不用。”

面对恩情，你首先会想到你的父母，只要记住父母的养育之恩，真诚地对他们说一声“我爱你”，不管他们会不会亲吻你，理解你，你都会感受到幸福正包围着你；面对恩情，你不会忘记你的老师，只要记住老师的教育之恩，对他们说声“谢谢你”，不管他们在不在世上，会不会回答你，你都会觉得爱在簇拥着你；面对恩情，你会想起关心和帮助过你的同学和朋友，只要记住他们对你的帮助，及时地说声“谢谢你”，不管他们是不是还记得你，你的心里都不会留下遗憾。记住，什么时候都不要忘了说声“谢谢你”。

天地有恩，故人能存；山河有恩，故草木长；万物有恩，故和谐处。我们生活在大自然的恩惠里，故而应对大自然造就的一切常怀感恩之心，敬之畏之，维之护之，方能为我们自己赢得更广阔持久的生存空间。

父母生我养我，师长教我育我，朋友帮我扶我，上级知我用我，故而“我”才得以在天地间活得如此自在。小而言之，我们应该感谢父母之恩，师长之惠，朋友、领导，甚至向我们伸出援助之手的陌生人，他们给我们发自内心的关爱，我们怎能不回报他们呢？

有位哲学家说过：“世界上最大的悲剧或不幸，就是一个人大言不惭地说，没有人给我任何东西。”我们试图通过本书让大家学会知恩、感恩、报恩，体会父母的养育之恩，老师的教育之恩，朋友的关爱之恩，祖国的呵护之恩……从家庭学校开始，以平等的眼光看待每一个生命，学会尊重他人，也尊重自己。

本书以感恩为主题的事例和文章为主，辅以导读文字、读后思考及感悟，相信能带给读者深刻的感悟与独到的思考！

徐望华

2017 年 6 月

目 录
CONTENTS

第一章　感恩父母

第二章　感恩老师

第三章　感恩同学

第四章　感恩朋友

第五章　感恩对手

第六章　感恩祖国

第七章　感恩大自然

第八章 感恩贫穷

第九章 感恩挫折

第十章 感恩失败

第一章　感恩父母

俗话说“父恩比山高，母恩比海深”，父母的养育之恩是子女永远也无法还清的情义。父母用两鬓的白发与弯曲的脊梁换来了我们的健康成长；父母用能够买一辆汽车、一件件新衣裳的钱换来我们十多年的学习教育；父母用他们的爱与关怀佑护、挂念了我们一辈子……

全世界的父母都一样，他们都有一颗伟大的爱子之心。乌鸦尚有反哺之义，羔羊也知跪乳感恩，更何况我们这些有血有肉，同父母有磨灭不了的血缘关系的人呢?

1. 感恩博大的父母之爱

是父母把我们带到这个世界上的，从我们呱呱落地的那一刻起，父母就再也没有清闲过，父母无怨无悔担负起抚养我们的重任，为了能给我们一个舒适的生活环境，他们总是那么辛苦，那么努力。小的时候，我们把这当作天经地义，因为我们不了解也不知道父母的辛苦。当我们长大了以后，我们应该怀着一颗感恩之心体谅父母，应该担起照顾、孝敬父母的责任。

父母给了我们生命，使我们有机会在这五彩缤纷的世界里体味人生的冷暖，享受生活的快乐与幸福，是他们养育了我们，给了我们无微不至的关怀。儿女快乐，最为开心的是父母；儿女苦闷，最为牵挂的也是父母。父母给我们的爱，比大海还深，比天空还高，因此，不管父母的社会地位、知识水平以及素养如何，他们都是我们今生最大的恩人，是值得我们永远去爱的人。

父母为子女撑起了一片爱的天空。当你受伤时、哭泣时、忧郁时、难过时，你可以随时回到家里，享受父母的爱，这便是他们的幸福了。感恩父母，哪怕是一件微不足道的事，只要能让他们感到欣慰，这就足够了。

电视台曾播过一则感人的广告，一个大眼睛的小男孩吃力地端着一盆水，天真地对妈妈说："妈妈洗脚！"就是这样一则广告，时至今日还在热播，它动人的原因，不是演员当红，而是它表现的感情动人肺腑，不知感染了天下多少人。很多人因此流泪，不只为了可爱的男孩，也为那一份发自内心的感恩。

孝敬父母是中华民族的传统美德。人们经常说"百善孝为先"，意思就是说，孝敬父母在各种美德中是第一位的。

古人说："老吾老，以及人之老；幼吾幼，以及人之幼。"我们不仅要孝敬自己的父母，还应该尊重别的老人，爱护年幼的孩子，在全社会形成尊老爱幼的淳厚民风，这就是我们新生代学生的责任。

子路，春秋鲁国人。在孔子的弟子中以政事著称，尤其以勇敢闻名。但子路小的时候家里很穷，常年靠吃粗粮野菜度日。

有一次，年老的父母想吃米饭，可是家里一点米都没有，怎么办？子路想到，要是能翻过几座山到亲戚家借点米，不就可以满足父母的这点要求了吗？

于是，小小的子路翻山越岭走了十几里路，从亲戚家背回了一小袋米，看到父母吃上了香喷喷的米饭，子路忘记了疲劳。邻居们都夸子路是一个勇敢孝顺的好孩子。

下面这个寓言说的是父母无私奉献的事情，他们即使只有最后一点力量，也要把它送给自己的儿女。

很久以前，有一棵苹果树。一个小男孩每天都喜欢来到树旁玩耍。他爬到树顶，吃苹果，在树上打盹……他爱这棵树，树也爱和他一起玩。随着时间流逝，小男孩长大了。他不再到树旁玩耍了。

一天，男孩回到树旁，看起很悲伤。“来和我玩吧!”树说。“我不再是小孩子了，我不会再到树下玩耍了。”男孩答道，“我想要玩具，我需要钱来买。”“很遗憾，我没有钱。但是你可以采摘我的所有苹果拿去卖，这样你就有钱了。”男孩听了很兴奋，他摘掉树上所有的苹果，然后高兴地离开了。从那以后好长时间男孩都没有回来，树很伤心。

一天，男孩回来了，树非常兴奋。“来和我玩吧。”树说。“我没时间玩。我得为我的家庭工作。”“我们需要一座房子来遮风挡雨，你能帮我吗?”“很遗憾，我没有房子。但是，你可以砍下我的树枝来建房。”男孩砍下所有的树枝，高高兴兴地离开了。看到他高兴的样子，树也很高兴。但是，从那时起男孩又很久没再出现，树很孤独，伤心起来。

突然，在一个夏日，男孩回到树旁，树很高兴。“来和我玩吧。”树说。“我很伤心，我开始老了……我想去航海放松自己。你能不能给我一条船?”“用我的树干造一条船，你就能航海了，你会高兴的。”于是，男孩砍掉树干造船，他航海去了，很长一段时间没有露面。许多年后男孩终于回来了。“很遗憾，我的孩子，我再也没有任何东西给你了。我没有苹果给你……”树说。“我没有牙齿可以啃。”男孩答道。“没有树干供你爬。”“现在我老了，爬不上去了。”男孩说。“我真的想把一切都给你……我唯一剩下的东西就是树墩。”树含着泪说。“现在我不需要什么东西了，只需要一个地方来休息，这些年我太累了。”男孩答道。“太好了！老树墩就是倚着休息的好地方。过来，和我一起坐下休息吧。”男孩坐下了，树很高兴，含泪而笑……

这是一个发生在每个人身上的故事。那棵树就像我们的父母。我们小的时候，喜欢和爸爸妈妈玩；长大后，便离开他们，只有在我们需要父亲母亲，或是遇到了困难的时候，才会回去找他们。尽管如此，父母却总是有求必应，为了我们的幸福，无私地奉献自己的一切。

这就是我们伟大的父母，他们为我们贡献最后一份力量也无怨无悔。我们的一生也许都在索取，却很少想到感恩，父母对我们的恩情可以让我们受用一辈子。我们不能等到父母老去的时候，才想起要报答他们，感恩可以从一件小事做起。

就让我们从现在开始感恩父母吧，因为只有懂得感恩父母的人，才能算是完整的人。用感恩的心去与父母交流，不要再认为父母帮助我们是理所当然的，他们把我们带到这个美丽的世界，已经足够伟大，而且他们将我们养育成人，不求回报，默默地为我们付出，我们不要一味地索求他们的付出，让我们用真诚的态度去对待他们，用实际行动去感谢他们。

2. 母亲锯骨救女

2003 年 10 月 28 日晚，武汉市第四医院外科病房里，35 岁的母亲王丽握着女儿杨雪的手，和她说话，给她讲故事，向她传递所有的温暖和爱。因为第二天，母女俩将一同上手术台，王丽要将自己体内的骨头移植到女儿身上。

原本平静祥和的生活是被一场突如其来的车祸打破的。王丽与丈夫杨俊都是武汉市 3510 工厂工人。1998 年下岗后，夫妻俩帮人卖书、卖电器、跑销售……日子虽然清贫，但看着女儿杨雪一天天健康活泼地长大，他们就觉得日子有了奔头，有了希望，生活里一片阳光明媚。

2003 年十一长假的第一天，王丽与丈夫杨俊都没有休息，一大早就上班去了。同住的外婆拿给 9 岁的杨雪一元钱，叮嘱她去买葱。杨雪调皮地给了外婆一个飞吻就出了门。

他们家在武汉市汉阳桥东村 32 号，门口是车水马龙的二桥路。10 点 50 分，杨雪买了葱，由车行方向从右至左横穿马路。这时一辆小客车逆向驶来，等司机看见了杨雪急按喇叭，杨雪再慌忙躲闪时，一切都来不及了。杨雪被带倒在地。有人大喊："车子轧到了孩子！"司机忙往回倒车，车前轮从杨雪下肢碾过，可怜的杨雪顿时左腿膝盖以下血肉模糊。肇事司机见状，弃车逃跑了。一位好心的过路人见杨雪腿上的血直往外涌，赶紧脱下身上的白色汗衫将她的下肢紧紧缠住，然后急忙打 110 报警。

当杨俊和王丽赶到医院时，杨雪的诊断结果已经出来了：杨雪左胫腓骨开放性骨折。医生说，由于下肢骨头全都粉碎了，孩子的腿也许很难保住。

王丽顿时蒙了。要知道，杨雪从3岁起就比同龄的孩子高挑。酷爱体育的杨俊还准备将女儿培养成运动员呢。杨雪也确实争气，她接受过专业的乒乓球训练，也曾到专业舞蹈培训班学习过。在前不久的全校文艺比赛中，她的舞蹈《采蘑菇的小姑娘》获得了一等奖。杨雪的梦想是长大后做一名出色的服装模特，为此，她还常常像模像样地在家练猫步呢。而那辆肇事的车就这样粉碎了这个女孩粉红色的梦。

经过一段时间的治疗，医生告诉王丽夫妇："杨雪左腿有一截骨头已经彻底坏死，需要植骨。植骨一般有两种方法，一种是用人造骨，但成活率不高，而且有后遗症。另一种方法是用真正的人骨，比如自己的骨头。可是杨雪受伤严重，经不起再次开刀取骨的创伤，所以只能用亲人移植的骨头了。"

杨俊和王丽都坚持要移植自己的骨头给女儿。杨俊的理由是自己身体好，而王丽的理由则是丈夫的工作是开车，万一取骨后动作不灵便了，会带来生命危险。王丽没有说另外一个理由，那就是她每天搂紧女儿时，常常会有一种奇妙的感觉：杨雪躬着身蜷缩在她怀里，她婴孩一般的姿势常常让王丽泪流满面。是啊，女儿是想钻进妈妈的怀里，钻回妈妈的身体里、子宫里，重新生长，重获一个完整健康的身体啊！所以王丽坚信：只有她的骨头可以不遭排斥地在女儿体内生长。

最后还是医生拍板了："用母亲的骨头吧，从医学角度来看最适合。"

王丽将这个好消息告诉女儿。9岁的杨雪听后瞪大了眼睛，然后不停地摇头："不行，我不干！我不要！"

妈妈急问为什么。杨雪咬了咬嘴唇说："如果我用了妈妈的骨头，那妈妈就和我现在一样，一条腿长一条腿短，妈妈就会疼，妈妈就不能走路了。"

王丽的泪瞬间涌出，她低着头悄悄拭去欣慰的泪水，然后缓缓坐下。再抬头时，她的脸上是阳光一样的笑容。她伸出手抚摸女儿花朵一样娇嫩的脸庞，对她说："还记得吗？你曾经问妈妈你是怎么来的，妈妈告诉过你，每一个小朋友都是一颗种子，爸爸是风，妈妈是土壤，风将种子带到妈妈的身体里，种子在温暖的子宫里发芽，长大。而现在，杨雪已经长成一棵小树了，小树的枝丫不小心折断了一枝，怎么办？没有关系的，咱们可以用移植的方法。妈妈把自己的骨头，新鲜的健康的骨头移植一点点种在杨雪的身体里，于是那折断的地方又可以重新长出绿芽，重新伸展，并且茁壮成长了。同时，移植一根枝条出去并不影响母体植物生长呢。"杨雪似懂非懂地看着妈妈，又问了一句："妈妈，你的腿真的不会有事吗？"

在得到母亲肯定的答复后，杨雪笑了，由衷地说了一句："妈妈，这真像一个童话呢。"

是啊，只有母亲对孩子的爱，才如此神圣、美好，像童话一般。

手术前夜，杨雪在童话里睡着了。梦中，久未露出笑颜的她笑了。病房的灯熄了，王丽打开床边的躺椅，坐下，她舍不得睡着，只是看着女儿，看她入睡，女儿的梦中一定有灿烂阳光，一定繁花似锦……

10月29日早上9点，王丽和女儿都换上手术服，母女俩默默相对，眼睛里都有无尽的话语。

要上手术台了，杨雪又突然害怕起来，一直缠绕着她的问题又一次爬上心头，她哭了起来："妈妈，我不做手术了。万一失败了，你也不能走路了怎么办呢?"

王丽微笑着一把搂住病床上的女儿："孩子，勇敢些，你就想着，一会儿妈妈身体上的一块骨头就要住到你的身体里了，它会撑起你的身体，它会和你全身的骨头通力协作，它会帮你重新站起来，帮你走路、跑步还有跳舞。"杨雪泪眼婆娑："嗯，真的吗？妈妈，手术之后我真的可以这样吗？我可以重新站起来，走路、跑步还有跳舞？"

王丽目光坚定地看着女儿："一定可以。因为这是妈妈在帮你，是妈妈的骨头在你的身体里。记着啊，那骨头就像一株新的植物枝条，如果你疼你害怕时，就想着它要发芽了，你可以看见嫩绿色的新芽了，一定会没事儿的。"

女儿被推进了手术室，王丽跟着走了进来。医生告诉王丽："先给杨雪做手术，如果能靠自身补齐就不必移植。"随着麻醉药渐渐起作用，杨雪的眼睛慢慢闭上了，王丽远远地痴痴地看着女儿。

下午两点，医生通知王丽："杨雪的骨头还差2厘米才一般齐，必须移植。"

早已做好准备的王丽立即消毒，上手术台。医生给她做了局部麻醉。因为杨雪手术的时间比预期长，时间紧迫，医生来不及等到王丽身上的麻醉药完全起作用，便开始取骨了。

冰凉的榔头拿出来了，一锤一锤地砸在王丽的右侧髂骨上，沉闷的疼痛感也一锤一锤地砸到了她的心底。

她扭过头，不看医生在自己身上取骨，而是凝神看着不远处沉睡中的女儿。她的一只手紧紧抓着床沿，另一只手抓着自己的肩膀。咚咚的敲击声响在耳边，疼痛感噬咬着她的心，她不由自主地两边摆头，可她一声都没叫出来，只是慢慢尝到了嘴里的血腥味——她将自己的舌头咬破了。

一小块白森森的骨头取出来了，还带着母亲的体温。那是块坚硬的骨头，也是块带着柔情的骨头。王丽欣慰地看着医生用托盘装着它走向女儿的手术台。

15 分钟过去了，医生走到王丽的身边告诉她："骨头不够，还得再取。"

王丽的脸色沉静如水，她点了点头。

锯骨声再一次在手术室内响起，像伐木一般，虽然王丽在清凉的空调房里，豆大的汗滴依然一颗一颗往下掉，护士赶紧替王丽擦拭，对她说："如果疼，你就叫，这样会好受点儿。"王丽摇摇头，她的嘴角竟然浮起了微笑。是啊，如果将母亲比作大树的话，那么锯掉一根枝条当小树的拐杖，扶住狂风中摇摇欲坠的小树真是再幸福不过的事情了。

医生又一次取出了一小块母亲的骨头，植入女儿的体内。

终于，两个多小时过去了，医生宣布骨头已经移植到杨雪体内了，这时才再用工具将王丽被锯掉的骨头端口磨圆，同时对伤口进行缝合。

与此同时，杨雪腿上安了一个长长的钢板以助支撑，她右胯上的皮肤也被移植了三分之一到左腿的创伤处，一共缝了 100 多针。6 个小时后，手术成功完成。

王丽和杨雪被推出了手术室。虽然她们躺在两张手术推车上，但王丽坚持要去握杨雪的手。虽然女儿依旧在昏迷中，但母亲的手握得那么紧，仿佛要将所有的力量和勇气都注入到女儿体内。

杨雪是晚上醒来的。她迷迷糊糊地睁开双眼，看了看母亲，又要去看腿上的伤痕。王丽以为她疼，赶紧问怎么了。杨雪含着泪笑了，她说："没什么。"

这一定是种奇妙的感受。母亲的骨头在女儿的身体里种子一般开始发芽、开始生长，很快就融为一体。杨雪的泪水止不住地往外涌，像潮汐到来冲向沙滩，一浪高过一浪。王丽也躺在病床上，目光慈爱，浑然忘了自身的疼痛，她们彼此望着，那目光中蕴含的感情，无论用什么来形容，都失之浅薄。杨雪终于大声地喊了出来："妈妈！"

是的，是妈妈。妈妈，是那个给予你骨头，给予你血肉，给予你身体的人，是那个可以再一次给予你骨头，给予你血肉，给予你身体的人。

48 小时后，由于杨雪的尿管未插好，尿积在她的肚子里鼓起了一个大包。她被憋得哭了起来，对王丽说："妈妈，我是不是不行了啊？我不想死。我还有那么多漂亮的裙子没穿，还有漂亮的辫子没编呢。"王丽一边替女儿编辫子分散她的注意力，一边安慰她鼓励她。终于，手术带来的痛楚过去了，杨雪进入了更为艰苦漫长的康复期。

杨雪家中积蓄早已用光，她的父母还向亲朋好友借了一大笔钱，可是，杨雪的康复之路依然漫长。

为了节约每一分钱，王丽手术后仅三天就坚决要求出院。出院并非真的离开医院，她买来一些消炎药自己服用，同时向医生求情，在女儿床边搭了个铺。由于太早停止消炎止痛治疗，王丽的身体挨不住了。她夜里疼得在床上打滚，又不敢吵醒女儿，就咬床单。天亮时，她被值班护士发现晕倒在地。医生说不能这样下去了，必须住院治疗。可是家中无钱啊，怎么办？那肇事司机跑得不见人影，而车主只来了两次，付了1万多元钱就再也不来了。

整整一个夏天过去了，由于病房里没有空调和电扇，杨雪夜里入睡全靠王丽一宿一宿不合眼地扇扇子度过。

2004年3月，由于在病床上躺了几个月，杨雪的肌肉开始萎缩，医生嘱咐王丽，一定得让女儿学走路。

一开始，杨雪怕疼不敢下床，王丽鼓励她："你试试看，妈妈扶着你，你一定可以的，你不能一辈子都躺在病床上呀。"

杨雪坐在床沿上，可怜兮兮地看着母亲，王丽装作没看见，她蹲下身子，抬起女儿的左腿，杨雪咬咬牙，用手撑着床沿，将全身的重量都集中到右腿上，一用劲，终于站起来了。

杨雪的声音中透着无限欢喜："妈妈，我站起来了！"

王丽却依旧蹲在那儿，然后慢慢地一寸一寸地放下杨雪的左腿，直到左脚脚跟落地，她才抬起头，用无比坚定的目光看着女儿。

杨雪咬咬牙，慢慢调整自己的重心，她尝试着将全身的重量平均分摊到两条腿上。做过手术的左腿有些奇怪的感觉，杨雪心里一惊，身子一晃，她想叫母亲，却发现母亲的眼睛一直紧紧盯着她的左腿。杨雪深呼吸一口气，她告诉自己，一定要争气，一定要勇敢，因车祸而残缺的腿，是母亲的骨头补起并支撑起来的呀！

杨雪终于迈出了车祸后的第一步，她用的是左脚。支撑她的是体内新生的骨头，那骨头，是沿着母亲的骨头重新生长起来的。杨雪快乐地大叫起来，她喊着妈妈，转头却看见妈妈正欣喜若狂地望着她，脸上挂满了泪滴。

杨雪和王丽终于度过了人生最痛苦的时期。

2004年8月2日是杨雪的10岁生日，王丽特地选在这一天接她出院。

10 年前，她给了女儿生命。10 年后，她再一次让女儿凤凰浴火重生般站立起来，飞翔起来。

2004 年 9 月，手术后的杨雪终于回到了学校。半学期过去了，她的成绩在班上排第四名，被学校评为先进少先队员，还被选为中队长。

但是杨雪的双腿留下了严重的后遗症，她的两条腿如干柴棍一般，一层树皮般的皮包在骨头上，夏天皮肤不会排汗，让杨雪奇痒无比。医生说要赶紧做皮肤整形手术，不然以后更难恢复。可这种手术需要做 4 次，每次需要 12000 元钱。

杨雪的医疗费已花了 8 万多元，而王丽因为给女儿植骨，每逢阴雨天取骨处就隐隐地疼，完全无法干重体力活。怎么办？

为了女儿，王丽又踏上了上诉路。2004 年 11 月 2 日，她代表女儿和自己向汉阳区人民法院起诉车主和肇事司机并提出索赔。判决那天，杨雪坚持去了法院。小姑娘紧紧地倚在母亲身边，但她却是稳稳地站立着的，她的两条腿瘦得令人心痛，但却长短一致，车祸致残的一截因母爱而重新完整齐全。杨雪要求对被告说几句话，她的声音清晰："'身体发肤，受之父母，不敢毁伤，孝之始也。'这是老师教我的几句话，老师特地让我给全班同学朗读过这几句，因为老师知道我对这几句话体会得最深刻。我只想说，希望这样的灾难再也不要在别的小朋友身上发生，因为这实在是太痛了，我痛，妈妈也痛，如果从此再也不会发生这样的悲剧该多好啊！"

在场的人都默默地看着这个孩子。是啊，杨雪的话也许是稚气的，却如此震撼每个人的心灵。

走出法院大门时，王丽和杨雪走在一起。她俩走路的姿势有些特别，杨雪的步伐稍显僵硬，但又是踏实的，她的神情无比认真，时不时侧头对着母亲灿烂一笑。王丽在一旁，身体尽可能地离女儿远些，但手臂却伸向女儿，随时准备搀扶她；她的目光丝丝缕缕地系在女儿身上，全副身心也跟着目光追随着女儿，因她的欢笑而快乐，因她的苦痛而揪心，因她的认真而欣慰，因她的每一点进步而欢欣鼓舞……

做了母亲后，母亲的心从此行走于身体之外，行走于儿女的身上；做了母亲后，母亲的身体随时可以为了孩子而分割，女娲补天一般植入孩子体内。

这是一个真实的故事，为了女儿，母亲可以锯自己的骨头，这需要承受多么大的痛苦呀！为了孩子，母亲坚持下来了，看来，世间最无私的就是亲情了。

3. 奇迹的名字叫父亲

与其说有这样一个故事，不如说有这样一个奇迹。

在一艘横渡大西洋的船上，一位父亲带着他的小女儿去美国和妻子相会。海上风平浪静，晨昏瑰丽的云霓交替出现。

船航行了很多天。一天早上，父亲正在舱里用小刀削苹果，船却忽然剧烈地摇晃起来，父亲摔倒时刀子扎在他的胸口，他全身都在颤抖，嘴唇瞬间乌青。6 岁的女儿吓坏了，尖叫着扑过来想要扶他，他却微笑着推开女儿的手："没事，只是摔了一跤。"然后他很慢很慢地爬起来，不引人注意地用大拇指擦去了刀锋上的血迹。

以后的 3 天，父亲照常为女儿唱摇篮曲，清晨替她系好美丽的蝴蝶结，带她去看蔚蓝的大海，仿佛一切如常。而小女儿尚不能注意到父亲每一分钟都比上一分钟更衰弱，他投向海平线的目光是那样忧伤。抵达的前夜，父亲来到女儿身边，对女儿说："明天见到妈妈的时候，请告诉妈妈我爱她。"女儿不解地问："可是你明天也要见到她了，为什么不自己告诉她呢？"

船到纽约港了，女儿一眼便在熙熙攘攘的人群中认出了母亲，她大喊着："妈妈，妈妈！"就在这时，人群中发出一声惊呼，女儿一回头，看到父亲仰面倒下，胸口血如井喷，好似要染红整片天空。

事出突然，这名男子的妻子建议尸检，但是结果让所有人惊呆了：那把刀无比精确地洞穿了他的心脏，他却多活了 3 天，而且不被任何人察觉。唯一的可能是创口太小，使被刀切的心肌依原样贴在一起，维持了 3 天的供血。这是医学史上罕见的奇迹……

"够了！"那是一位坐在首席的老医生，须发俱白，皱纹里满是人生的智慧，此刻他大喝一声，然后一字一顿地说："这个奇迹的名字，叫父亲。"

父亲正是用他深沉的爱关怀着这个小女孩，如果女儿没有和他在一起，恐怕他也没有理由坚持这么长的时间了。正是父亲的力量，让他创造了医学的奇迹，也创造了生命的奇迹。

我们常常说，父爱是一座山，高大威严；父爱是一汪水，深藏不露；父爱是一双手，引领我们走过春夏秋冬；父爱更是一滴泪，一滴饱含温度的泪水。父亲正是用他独特的方式给我们带来一个个奇迹。

赵先生是山东人，在哈尔滨一家教育机构任职，他在哈尔滨生活了不久就与一个姑娘相爱结婚，次年女儿朵朵降生了。

赵先生说："2005 年 6 月的一天，还有一个多月才到预产期的妻子突觉腹痛，到医院检查得知羊水已破，胎儿被脐带缠脖，须立即剖腹，由于是早产儿，女儿体重只有 2 千克，在医院保温箱内观察了 14 天才转危为安。"

女儿回家后，日夜哭个不停。到了女儿百天，赵先生发现她不会追视，表情呆滞，烦躁易闹。到医院诊断后得知，女儿得了脑白质髓鞘化障碍，大脑发育不良（也就是脑瘫），还有可能终身瘫痪。赵先生顿时感觉天塌地陷，心都凉了。有很多人劝他放弃这个孩子，可赵先生下定决心，即使什么都不要了，也要把女儿培养成才。

从朵朵 4 个月大起，赵先生就成了全职爸爸，他为女儿制订训练计划，如起卧练习、按摩关节、游泳、抓着她双手原地顺逆时针旋转等，每天至少旋转 100 圈，刺激朵朵的大脑神经细胞发育。两个月后，朵朵能抬起脖子了，也能自己翻身、爬行了，体重和身高都赶上了正常孩子的标准。

但是，老天对赵先生的考验并没有停止，朵朵又出现了新的病症，这个可怜的孩子刚过完 1 岁的生日，四肢就偶尔不自觉抖动，此后次数越来越多，严重时一天要抖 60 余次。经医生诊治，朵朵患上了癫痫症，每发作一次孩子的智力会有所下降。为救女儿，赵先生四处寻医查找资料，学习《本草纲目》《中华大药典》，自制药材。奇迹出现了，朵朵的病至今都没复发过。

朵朵得了癫痫症后，智力又退回到了几个月以前的水平，赵先生又一次制订了一整套的康复计划。父女俩每天早晨 5 点起床，到户外进行塑形训练，尤其是行走训练，更是风雨无阻。赵先生告诉记者，朵朵没有直立意识，他就得架着胳膊一点点地教她，一走就是一个小时；朵朵不会发音，更不能理解词语含义，他就教女儿说话和读诗，有时一个字要教上百遍；朵朵的大脑胼胝体发育不良，有斜视近视等问题，经常翻白眼，他就和女儿一同绑在椅背上练习直视，现在女儿的视力趋于正常了。经过一年多的行走训练，朵朵终于可以独立行走了。

赵先生说朵朵是个非常有毅力的孩子，累了也不哼声，女儿的韧劲也激励着他，父女俩从行走、说话、识字开始，创造了更多的奇迹。

朵朵对玩具和吃的东西不感兴趣，反而对书本和音乐特别敏感，她哭闹时，只要给她一本书或唱英文歌曲，她就会马上停止哭闹，专心翻阅静静欣赏。这些年来，赵先生没有睡过一个囫囵觉，每天都要用三个小时备课。在朵朵的练功房里，赵先生在墙上贴满了《三字经》《弟子规》《千字文》等作为识字教材。朵朵很快就把2000多字的书籍背诵下来，现在只要读出书中一句话，她马上就能指出来。

朵朵在3岁时，偶尔得到一本《小学必背古诗》，从此爱不释手，没几个月就翻坏了3本书，现在她已经学到初中古诗了，能背50余首；平时只要赵先生说英文，朵朵就特别愿意听，经过两年学习，她已经会说2000多个英语单词，能用简单的单词与别人沟通了。赵先生说他坚信女儿在他的培养下，一定会有所作为。

因为父亲奇迹才一次次发生。父亲永远不会放弃自己的儿女，只会帮助他们一点一点进步，在必要的时候，还会奉献出自己的所有，乃至生命。

4. 千孝不如一顺

孝道是一个人存活于天地间的根本，也是鉴别一个人品质品性的法器。很多人做到“孝”一点都不难，但却往往忽略了“顺”。有这么一句古话说得好，“顺者为孝”。它说的就是这个道理。

王先生说，在他母亲70岁刚出头的时候，他接母亲来美国居住了一段时间。他母亲习惯在固定的时间做某些事情，比如她习惯早起去海边走路，白天看看书报和碟片，在花园里伺候那些花花草草。午睡后起来第一件事就是给中国的亲朋好友打电话。晚饭后就回到她的房间与她的电视机“约会”。高兴的时候母亲会和王先生一起在厨房切磋技艺，互相吹捧一番。她最喜欢和他的女儿玩，可惜小姑娘常常不领情，他母亲因此有些伤心。

他母亲现在最重要的事情就是等美国的绿卡，但是在她刚来的时候，不是这样的。他为了哄母亲高兴，开始打听各种旅游团的情况，希望母亲能够到拉斯维加斯、华盛顿等几个地方去玩玩。

没想到母亲哪儿也不愿去，“我都那么远飞到几千里外的美国了，就算是玩过了，其他地方都不去了。”母亲斩钉截铁地说。他怕她是不好意思给家里增加负担，就三天两头地想办法劝她。他说多了，母亲就烦了：“我说了多少次了，我不想去!”王先生挺纳闷：“谁愿意老在家待着呢？要是闷出病来怎么办呢?”

王先生没想到母亲不仅不愿意去远的地方玩，连离家半小时车程的旧金山都不愿意去。每个周末他都安排好行程想带她去散散心，怕她晕车就开高大平稳的车出去。可她去了金门大桥、天使岛等著名的景点，却每一次都愁眉苦脸一副像在受罪的样子，王先生只好匆匆把她送回家。一年下来了，母亲没去几个地方，有时候聊天，她还批评说这些地方有什么好看的。

王先生想让他的母亲尝遍世界美食，于是周末他们一家陪她去吃日本菜、韩国菜、印度菜、法国菜，每一次母亲坐在那里总是一副食不下咽的样子。

“是不是她不喜欢吃外国菜，那我们带她去吃中餐吧。”妻子提议说。

可是无论是广东早茶还是北方点心，不论是香港海鲜还是上海小菜，母亲没有一次表示满意，总是说不愿意出去吃，更愿意一个人在家待着，弄得王先生很扫兴，只能和妻子两人面面相觑。

王先生也曾鼓动母亲和他一起去购物，想买些适宜的衣服给她。说实话，母亲从中国带来的花了不少钱买的新衣服从质地到款式都与美国合不上拍。母亲说一逛街她就头晕不想去。王先生好说歹说劝动了她，可到了那里没几分钟，她就开始黑脸了。几次下来，他才明白过来，母亲是真的不喜欢逛街。

这样那样的他所谓的“好心不得好报”的事数不胜数，有时候家里气氛不太好，母亲就闹着要回去。王先生就很想不通，自己总是想办法给母亲好吃的、好玩的、好住的，没有亏待过她啊。

于是，王先生下定决心，母亲愿意怎么样就怎么样吧。没想到，自从他不再邀请母亲出游、出去吃饭和逛街后，她却一天比一天开心自在。

“我们也学聪明了，母亲不出去尝美食，我们就特意点一个也许她会爱吃的菜，告诉她这是打包回来的剩菜，她就一边吃一边点头说好吃；母亲不出去逛街，我就把自己看中的衣服裤子买回来让她试穿，不行再去退，这样她倒挑中了不少衣服；母亲不喜欢出去旅游，我就去借书、借碟片、买报纸给她看。”王先生说，“我们做了这么多的努力都没有使母亲高兴起来，而且母亲总喊着要回家，其实孝敬老人的做法很简单，就是顺着她。只要顺着她，母亲就高兴了，这不就是尽了孝道了吗？”

孝顺孝顺，顺者为孝，就是你能顺着老人家的意思就是孝。现在我们做儿女的，明明有一片孝心，却用自己的方式给父母构建一种所谓更好的生活，把自己的孝心变成了一道父母很难走过的关口。

小张刚从部队回来的时候，父亲还健在，为了能让双亲过上他认为舒适的生活，他倾其所有在县城买了房子，把两位老人接到身边，这样他就不用每天为他们的生活担忧，可以放心地去做自己的事情了。

然而，春节过后不久，母亲和父亲就张罗着要回老家去住。在送老人家回家的当天，小张问了母亲为什么坚持不在自己的身边，母亲说父亲身体不好，一直坚持回老家，他最后只好依顺了他们。

2002 年的冬天，卧病 8 年的父亲还是撇下了他们，家里就剩下母亲一人，独守着那个老院子。为了让母亲有一个幸福的晚年，此后的岁月里，小张和爱人孩子不止一次回去接母亲来和他们同住，可每一次母亲总是拒绝，不是说家里养着猪崽，就是说这些天冷了、热了，或者过两天谁家娶媳妇了，谁家又有什么事情了。

无数次拒绝让小张在心里隐隐有些埋怨母亲，他索性不再提起一起住的话题。直到 2008 年，哥哥也离世了，担心母亲无法接受事实，小张再次提出一起住，又一次次地被母亲找各种理由拒绝了。

此后，小张一直在思考：母亲为什么不愿意和自己一起住呢？是不是自己不够孝顺，还是自己让母亲伤心了？他不止一次地反省。然而，每年农历十月初一的夜晚与传统的中元节，家里堂屋父亲的遗像前摆放的祭品给了他答案：母亲是舍不得离开这里，母亲要守着那个倾注了父亲一生心血的老院子。

千孝不如一顺，说的就是这个道理。小张再也没有向母亲提过让她和自己一起住的想法了，他想成全母亲，也想表达自己的孝意。

愿天下的父母顺心，健康长寿！

5. 不能和父母说的话

这是 2004 年刊登在《中国青年报》上的一封信，这封信是一位心酸的老父亲写给儿子的信，信的内容如下。

亲爱的儿子：

尽管你伤透了我的心，但你终究是我的儿子。虽然自从你考上大学，成为我们家几代里的唯一一个大学生之后，心里就已分不清咱俩谁是谁的儿子了。从扛着行李陪你去大学报到，到挂蚊帐、缝被子、买饭菜票甚至教你挤牙膏，这一切，在你看来是天经地义的，你甚至感觉你这个不争气的老爸给你这位争气的大学生儿子服务，是一件特沾光、特荣耀的事。

的确，你考上大学，爸妈确实为你骄傲。虽然现今的大学生也不一定能找到好工作，但这毕竟是爸妈几十年的梦想。然而，你的骄傲是不可一世的。在你读大学的第一学期，我们签名收到过你的3封信，加起来比一份电报长不了多少，言简意赅，主题鲜明，通篇字迹潦草，只有一个“钱”字特别工整清晰。你说你学习很忙，没时间写信，但同院里你高中时代的女同学，却能收到你洋洋洒洒几十页的信，而且每周一封。每次从收发室门口经过，我和你妈看着你熟悉的字，却不能认领。那种痛苦是什么样的，你知道吗？后来，到你读大学二年级，这种痛苦煎熬逐渐少了，据你那位高中同学说，这是因为你谈恋爱了。其实，她不说我们也知道，从你一封接一封的催款信上我们能感觉到，你的言辞之急迫，语调之恳切，让人感觉你今后毕业大可以当个优秀的讨债人。

当时，正值你妈下岗，而你爸微薄的工资显然不够你出入卡拉OK厅、酒吧、餐厅。在这样的状况下，你不仅没有半句安慰，居然破天荒来了一封长信，大谈别人的老爸老妈如何大方。你在我和你妈身上戳了重重的一刀，还撒了一把盐。最令我伤心的是，今年暑假，你居然偷改入学收费通知，虚报学费。在这之前，我在报纸上已经看到过这种事情。没想到你也同时看到这则新闻，及时娴熟地运用这一招，来对付生你养你、爱你疼你的父亲母亲。虽然，我们得知真相后并没“发作”，但从开学到现在，我一想到这事就痛苦，就失眠。这已经成为一种心病，病根就是你——我亲手抚养大却又觉得十分陌生的大学生儿子。不知在大学里，你除了增加文化知识和社会阅历之外，还能否长一丁点善良的心？

一位心酸的父亲

此信一登出，就引起社会各界广泛讨论，是啊，面对现在的孩子们，父母们到底应该做些什么？

请体谅我们的爸爸妈妈，作为子女，我们不要像这封信上所提到的那个儿子那样，我们一定要珍惜我们身边的亲人、爱人和朋友。不要等到一切都无法挽回了，才知道这些人对我们是多么重要。所以就从此刻起善待生命，孝敬父母吧。不要等父母老去的那天，才知道后悔。我们具体可以从以下六个方面做起。

（1）在父母面前不能生气。

无论是你得知在学校考试全挂了，还是你最爱的人向你提出分手，你都不能在他们面前不高兴，因为这不是父母的错。就算是父母生气拿我们出气，我们也不能有情绪，毕竟你是父母的唯一，你的情绪直接牵动父母的心。

（2）陪父母一起笑。

当父母看到一个电视镜头、一句笑话或是你的一个动作而笑了的时候，你要陪着一起笑，父母内心深处最想的还是你的笑，不要觉得这个不好笑、这个你见得多了。

（3）陪伴父母逛街，给父母提年货。

街是一定要陪父母逛的，因为父母最希望的就是跟子女在一块的温馨，何况你常不在家，父母的思念比你更多，你就是父母的心；买的东西你一定要尽量多提着，最好全提着，尤其是蔬菜之类容易弄脏衣服的东西。从幼儿园、小学、初中到大学，父母每次送你去学校，那么多的东西都是谁扛的？你早已该扛起这个家了，不要觉得你没有这个责任。

（4）不能说父母迂腐。

父母说了不该说的，或是思想过于迂腐的话，你应该听着，可以给予纠正，但是要注意方式，更不能嘲笑或是不屑，你更有责任给父母讲外面的世界。父母悬着心送你到远方，你就是父母的眼睛，你所见到的父母也想见到，你所懂得的父母也希望懂，时尚潮流我们的父母也希望赶。我们身上担着父母的全部希望，一定要尽自己最大的努力来引领父母。

（5）多陪父母。

花更多时间与父母待在一块儿，陪父母一起感受家的感觉。我们可以等到有出息了、有钱了，让父母过上好日子，但是父母不能等，也等不了，父母最需要的还是天下最朴实的情，往往父母的心挂在我们的身上，而我们的心却没有连到父母那里——我们有心事父母也会有，父母有心事我们却没感觉。

（6）记住千万不能给父母说的十句话。

好了，好了，知道，真啰唆！

有事吗，没事那挂了啊？

说了你也不懂，别问了！

跟你说了多少次不要你做，做又做不好。

你们那一套早就过时了。

叫你别收拾我的房间，你看，东西都找不到了！

我要吃什么我知道，别夹了！

说了别吃这些剩菜了，怎么老不听啊！

我自己有分寸，不要说了，烦不烦!

这些东西说了不要了，堆在这做什么啊!

6. 密切关心父母身体情况

现在，越来越多的家庭都是父母独自居住，儿女在外工作生活，只有逢年过节时才与父母团聚。儿女在外最担心的是父母的健康。

健康就是财富。谁都希望岁月不老，青春常驻；生命之树常绿，创造之泉常涌。

目前世界老龄化国家越来越多，现在和未来的老年人，越来越需要抗老回春，越来越需要健康长寿的保健知识和经验以达到极佳的身心健康状态。只有拥有健康的体魄和心理，父母才能绽放出人生的绚丽光芒。每个儿女都希望自己的父母身体健康，父母只有健康，才能让儿女放心，同时这也是巨大的财富。

密切关心父母的身体健康也是对父母的一种报答。俗话说“药补不如食补”，研究发现不健康的饮食习惯会诱发各种中老年疾病。人到中年，新陈代谢减慢，脂肪更容易在体内囤积；而事业成功使应酬增多，生活水平提高使食不厌精，这些都导致中年人摄入过多油脂，造成身体发福。一不留神，高血压、心脏病、糖尿病等疾病就不请自来，给他们的生活带来太多的不便和苦恼。父母辛苦了大半辈子，为儿女的成长付出了太多太多。为人子女，我们总希望父母拥有健康的身体，享受精彩人生。关心父母，就要从关心他们的饮食开始。

中老年人健康饮食要点：数量少一点，质量好一点；蔬菜多一点，菜要淡一点；饭菜香一点，品种杂一点；食物热一点，饭要稀一点；吃得慢一点，晚餐早一点。

第二章　感恩老师

“借得大江千斛水，研为翰墨颂恩师。”您在我们心里播下了知识的火种，教会我们如何做人、怎样处事；教会我们怎样去感受知识的魅力，鼓励我们不断奋进，勇往直前；教会我们如何面对困难与挫折，如何感受生活，如何珍惜幸福，如何取得进步。最重要的是，您教会我们怎样去感恩别人，自己却默默奉献不求回报。一句“老师，您辛苦了”并不能表达我们的谢意，唯有内心热切的感恩才能报答您的培育之情。即使把您比作园丁，即使把您比作红烛，也比不上您的奉献和付出，这就是您，伟大而无私的老师。

1. 老师是我们人生的启蒙者

如果黑板是浩瀚的大海，那么老师就是海上的水手，教鞭就是他们的桨，划动那只停泊在港口的小船。他们的手势生动优美，如一只振翅翱翔的雄鹰，在辽阔的天宇画出一条漂亮的弧线。

一支粉笔，三尺讲台，留下的永远是他们含辛茹苦的身影。滴滴汗水，点点心血，印在老师脸上的始终是殷切企盼的神情。一个人一生之中最大的幸福不是过着纸醉金迷的生活，不是和爱人耳鬓厮磨，醉卧温柔乡，而是遇到一位知识渊博、品行高尚的老师。

鲁迅遇到了藤野先生，魏巍不能忘怀蔡芸芝老师，达·芬奇更加感谢教他们画鸡蛋的弗罗基俄。也许三毛是不幸的，初二时，数学老师的体罚让她走上了休学的道路。但许多年后，三毛说："一直到现在，我的数学老师都是改变我命运的人，我十分感激他们，要不是当年他们的体罚，我不会走上今天的路。"说这番话时，她已经经历了世事沧桑、人海沉浮，显得冷静而达观。

老师是先活在学生们的眼睛里，而后才活在学生们的心里的。要把学生们目光之中的怀疑、猜测、挑剔变成心目中的信任、尊敬和爱戴，并不是一件轻松的事情。"传道，授业，解惑"包含着多少的苦涩和艰辛啊！

或许有一天，他们教我们的知识已随着时光的流逝而被淡化了，但是他们的人格魅力在我们心中却是永恒的。当我们的心灵一隅为老师开辟出一片圣洁的园地时，我们又有一个新的人生偶像。

师者，如夕阳，伟大而正直，光明磊落，襟怀坦荡，不因转瞬即逝而沮丧，更不要求人们的回报。有些老师在迟暮之年，仍以同样的激情培育国之栋梁，不居功自傲，不养尊处优，心中永远升起不落的太阳。正如一位老师说的那样："人就应该像蜡烛一样，从头到脚都是光明的。"老师总是用真诚的热情去感化学生的心灵。尽管他们也有无奈的时候，但耕耘的时钟不会因此而停摆，哪怕他们看不到生命绽放一丝光彩！

从咿呀学语的孩童到蒙学初开的小学生，从求知若渴的少年到展翅高飞的青年，从门外汉到专才，从人类的结绳记事到今天的信息时代，老师的作用时时刻刻贯穿其中。社会的发展靠教育，教育的发展靠老师。老师的默默付出换来了人类文明的勃勃生机。老师的爱，无私中透露着平凡：像一股暖流，渗入我们的心田；像一声呼唤，帮助我们落寞的心灵找到回家的路；像一阵春风，带给我们清爽和温馨。我们的老师，没有华丽的舞台，没有簇拥的鲜花。一支支粉笔，是他们耕耘的犁头；三尺讲台，是他们奉献的战场。

他们无私地站着，站成一棵蒲公英，让知识的花絮大大方方地飘散四方，阳光下的世界才因此而变得缤纷和灿烂；他们正直地站着，站成一棵雪松，让挺拔的身躯不偏不倚地亲吻蓝天，风雪中的生命才因此而变得青翠而蓬勃；他们高贵地站着，站成一棵风景树，让灵魂的枝叶哗啦啦地拍响节奏，成长中的幼苗才会因此而找准韵律和参照。

老师是我们人生路上的启蒙者，像路灯，像航标，像杉树，给我们以光亮，以方向，给跌倒的人以灵魂的支撑……

2. 老师是最可亲、可敬的人

老师是太阳底下最神圣的职业。人们都说老师像蜡烛，燃烧自己，照亮别人。的确如此，对于我们的成长而言，老师是文化的传播者，带领我们在知识的海洋中遨游；老师是我们成长的领路人，教导我们如何做人、处事；老师是我们的朋友，尊重、理解、关心我们的成长；老师是我们的榜样，言传身教，使我们终生受益……

老师是人生引路者。“亲其师，信其道。”老师是对我们一生事业影响最大的人之一。老师的一句话往往会坚定我们为一项事业奋斗终生的信念，老师一次偶然的提示有可能燃起我们对某一领域的兴趣火花。据统计，许多诺贝尔奖获得者在发表获奖演说的时候，都会情不自禁地回忆起对自己成长影响最大的一位老师。

老师是心灵塑造者。老师是园丁，老师是路标，老师是摆渡人，这是对老师传道育人精神的赞美。工人劳动创造出实用的产品，农民劳动创造出丰富的粮食，科技人员的劳动发明新技术，而唯独老师的劳动培育出精神高尚的人。老师的职业是影响人一生的职业，老师的教诲是照亮人心灵的指路灯。在处于成长期的学生的心里，老师是任何力量都不能代替的最灿烂的阳光。老师的人格魅力乃至一言一行、一举一动都会在学生的心灵深处留下难以磨灭的痕迹，时时刻刻起着潜移默化的作用。

老师是品德示范者。为人师表，率先垂范，这是对身为老师的所有教育工作者的基本要求和期待。同时，这也是人们对老师的一种褒奖。教书先育人，老师不仅在知识和言行上是学生效仿的对象，而且老师更为学生树立了良好的品德榜样。老师的优秀品格令每一位学生终生受益，老师的高尚道德让所有人为之感动。

老师是爱的传播者。“捧着一颗心来，不带半根草去。”这是教育家陶行知的真挚感言。老师的爱是一种无私的爱，他们对学生的爱从不求回报。在工作中，无论遇到什么样的埋怨和误解，他们绝不因此而影响到对学生的教诲和关爱，他们绝不会把对学生的爱与自己的个人目的和利益联系起来。

老师是知识渊博者。老师的知识犹如奔涌不息的清泉，让我们总感到取之不竭、用之不尽。老师用他们的知识滋润着我们的成长，充实着我们的头脑，增添我们认识世界的力量。当我们回顾走过的人生之路，追寻我们事业发展的源头之时，很多人都会不约而同地想到一个人，那就是我们的老师，是老师为我们指引了前进的路。

老师是赤心报国者。人才是国家发展的栋梁，人才是民族强盛的中坚力量。人才的成长源于良好的教育，教育的繁荣要靠老师的辛勤劳动，靠老师的赤子报国情深。孔子为了诸侯各国的发展与民众的利益，奔走讲学、传播德政。孔子的政治、教育思想不仅影响了当时国家和民族的命运，而且形成了影响中国数千年社会发展的儒家思想。

老师是无悔奉献者。老师把奉献作为自己的快乐，把给予作为自己最大的幸福。有一位普通老师的话语更体现了他们奉献精神的伟大：“我们不需要太多的荣誉和赞美，因为我们已经习惯了默默无闻的奉献；不要给我们太多的物质和金钱，因为我们怕世俗的物欲污染了我们纯洁的心灵；不要给我们太多的称号，因为我们只喜欢两个字，‘老师’……”

老师甘为平凡者。很多时候老师给我们留下的只是一束渴望的目光、一个鼓励的微笑，或者是课堂上一句亲切的话语、台灯下批改作业的一个身影。这些都让我们更多地感受到老师的平凡，而正是老师的这种平凡造就了我们的未来。

老师是时代推动者。老师们在课堂上循循善诱地教导，使青年学子们明白时代发展的要求，掌握了新的理论，并成为坚定的时代理论的实践者。是老师推动了信息时代真正实现，是老师引领我们进入了这个时代的殿堂，是老师让我们拥有了畅游信息时代的金钥匙。

这就是人世间最可亲、最可敬的人啊！感谢他们如蜡烛般燃烧自己，照亮我们；如粉笔般消磨自己，充实我们；如桅杆般挺立，指引我们。感谢他们用粉笔作桨，思想作帆，指引载满希望与期盼的船只躲过一个个暗礁，到达知识的殿堂。

老师带我们跨越时间的鸿沟，体味人类精神史上的一次次辉煌；老师教我们在清幽的墨香中聆听古人的智慧之音；老师带我们在白纸黑字的世界里感受人性的伟大。

老师的培育使我们这些幼嫩新苗长成大树；老师的悉心使我们这些花苞开成烈焰般的花朵；老师的鼓励使我们这些涓涓小溪汇成奔流。师生情使我们的人生豪情万丈，师生情让我们的生命之花更加灿烂。

我们钦佩老师那“落红不是无情物，化作春泥更护花”的奉献精神，我们崇拜老师那“春蚕到死丝方尽，蜡炬成灰泪始干”的无私品格。

老师不是画家，却构筑了我们七彩的梦想；老师不是音乐家，却让知识的清泉叮咚作响；老师不是雕塑家，却塑造了一个个伟大的灵魂……

刻在木板上的名字未必不朽，刻在石头上的名字也未必流芳百世，老师的名字却刻在我们的心灵上，永不磨灭。

老师的话语，充溢着诗意，蕴含着哲理。老师推崇真诚和廉洁，将此视作为人处世的准则。老师对我们严格要求，并以自己的行动为表率。老师的规劝、要求，甚至命令，总使我们心悦诚服，自觉遵从。

在我们的心目中，老师是最严厉的父亲，又是最慈祥的妈妈。老师的一言一行，时常会闪现在我们的眼前；老师的品行人格，永远珍藏在我们记忆的深处。老师是人类灵魂的工程师，有着像大海一样丰富、蓝天一样深湛的内涵！

在生活的大海上，老师就像高高的航标灯，屹立在辽阔的海面上，时时刻刻为我们指引前进的方向！师恩如山，高山巍巍，使人尊崇；师恩似海，大海浩瀚，令人感怀。

老师是严冬里的炭火，是酷暑里的浓荫，是湍流中的踏脚石，是雾海中的航标灯。像天空一样广阔的是老师的胸怀，像大山一样深重的是老师的恩情。老师这种无私奉献的精神，值得全社会、全人类向他们致敬。

3. 老师帮我们把握人生的航向

在求学的道路上，辛勤的老师带领我们遨游在知识的海洋中。在人生的旅途中，无数的良师益友为我们指引方向。老师帮我们把握人生的航向，也教导我们如何做人、如何做事、如何选择，正是有了他们的帮助，我们才最终走向成功。

广西艺术学院人文学院副院长卢志红，经常和学生们讨论问题，在她和学生们讨论问题的过程中，给学生们指导方向。从1982年大学毕业开始，卢老师就走上了三尺讲台，从此和教书育人结下了不解之缘。

她说，她非常喜欢这个行业，她每一天都在反省自己，因为自己要面对那么多可爱的孩子，他们都是祖国的未来，如果因为自己某些方面的缺陷或者某些方面考虑不周而影响孩子的成长，那自己是很内疚的。

卢老师说，做教师可以使自己的心态少些世俗，多些天真，并且由于教师这个职业对知识更新有着很高的要求，所以能促使自己不断地追求进步。在学生们的眼里，卢老师不仅学识渊博、锐意创新，为人也和蔼可亲，所以卢老师的身边，总会围绕着喜欢和她探讨学术问题和人生见解的学生。一提起自己教过的学生，卢老师的脸上总会情不自禁地洋溢起幸福的笑容。

如果有学生找她，比如说在学业上或者在今后的发展上举棋不定、苦闷彷徨，她都会跟他聊天，帮学生解决难题。她说，和同学聊了以后，彼此就建立了一种信任关系，以后这个学生每走一步，包括他在学校，包括他去外面工作，都会跟她商量，她会用自己的人生经验给他们出主意，如果他们按照她指的这条路前进，并且最后成功了，她会感到特别快乐。

不过，面对一批又一批来自全国各地、有着不同教育背景和成长环境的学生，卢老师也有自己的苦恼。

卢老师最苦闷的就是中国的优秀孩子太多了，可是她却不能够根据他们每个人的特长来因材施教，因为绝大多数的教育还是用一个模式的。

学生成长了，学生毕业了，学生能够在社会上立足了，学生能干出一番事业了，其实就是对她最大的回报了，因为她感觉到自己的工作是有意义的，自己的努力没有白费。

这样的好老师真是太多了！卢老师只是其中的一个。卢老师细致入微的关怀，换来了学生的健康成长，也赢得了学生的爱戴。其实很多老师都是这样，把自己的一生奉献给了学生，呕心沥血了一辈子。

在这一点上，北京某师范学院给我们做了榜样。在师范学院80多位教导过本科生的专业教师中，90%以上是教授、副教授，他们以专业教师的身份，对学生在学习、生活等方面的问题，给予了有针对性的指导。“老师是我们成长路上的引路导航”，导师们获得了学生的尊重和信任。

大四学生小萌已经先后参与了3个课题的研究，这些课题都是她在导师指导下参与的教育部或者国家“十一五”规划项目。

在导师刘老师的安排下，小萌大三时开始参加研究生的活动，首先是导师组织的每周的研究生读书会。“刚参与课题时是跟着研究生，做一些文献查询、找资料的事情，后来我们逐渐能写一些文献综述，能够独立承担一个章节的写作。”

小萌说：“导师对我们的每项工作都会亲自把关，有时候把撰写的报告交给导师，他会马上修改，字斟句酌地提出建议和指导意见。”

现在，小萌和两名同学组成了科研小组，他们独立承担的课题为《研究型大学新生入学指导》，获得了“国家大学生创新性实验计划”的资助。小萌感慨地说：“从读书到做课题，从啥都不懂到现在知道如何选题、如何写申请书、经费如何计划等，我们学习方式的改进和水平的提升是明显的。”

小萌只是师范学院本科生在学术能力方面取得长足进步的一个代表。从2005年导师制实施以来，该师范学院有30多名本科生在数十种教育学术期刊上，发表各类学术论文47篇。2003年以来，累计有80多名学生参加了学校的本科生科研项目申请，有50组学生成功申请到了当年的科研项目。

在这所院校当中，本科生接触的不是导师一个人，而是导师带领的整个科研团队，这对本科生科研能力的影响是不言而喻的。

另外，即将毕业的大学生心态浮躁，而这在找工作的过程中是最忌讳的，于是本科生导师及时对学生进行心理疏导。这样的交流，在学生临近毕业时，每周都会有一次，每次至少一小时。

学校不仅引导学生的专业学术发展，还指导学生规划人生，适应社会，形成恰当的专业意识和社会意识，这是师范学院对本科生导师的要求。

与辅导员、班主任一对多的模式相比，本科生导师带的本科生不超过3人，可以做到因材施教，无论是学习还是生活方面，老师和辅导员说出的话，在学生心中的分量是不同的，老师们丰富的人生经验、学术背景和人格魅力，都会让学生受益匪浅。

如果没有老师们给予学生正确的引导，给学生们把好人生中的大方向，这所高校的学生也不会取得这么多的成就。

老师用他们的爱为学生们指引方向，老师用真情点亮学生心中那一盏盏明灯！我们在人生道路上的选择太多太多，我们所取得的很多成就都包含着老师的辛勤劳动。老师教我们学会选择，帮我们掌握了分析利弊的能力，最终将生命之船驶向成功之岸。

4. 老师激励我们成长

在课堂上，我们经常会听到这样的话：

“行，你能行！”

“孩子，你真棒！”

“这样做下去，你肯定会成功！”

……

这些都是老师鼓励学生的话，据心理学研究，鼓励学生和批评学生对于学生成绩的影响会有很大的区别。生活在鼓励之中的孩子，成绩往往会比生活在批评当中的孩子高出很多。

在美国，赏识教育蔚然成风。老师很少批评学生，只要学生哪怕进步一丁点，老师就会非常慷慨地甚至带着夸张的口吻对学生说：“你真棒！”当然，除了赏识教育，老师还经常以各种方式来激励学生上进，甚至经常有老师乃至校长和学生公开打赌，在激励学生成功的同时，甘愿履行诺言，服输认罚。

心理学研究表明，人总希望自己的才能得到他人的肯定。鼓励、赞许能增添人的自信心，而自信心往往是获取成功的巨大动力。学生获得表扬、奖励的次数越多，他们良好行为活动的再发性就越高。

让我们来看一则 2007 年的报道。

南开大学 91 岁的中科院院士申泮文，是南开大学学生评出的首届首位“良师益友”。学校考虑到申先生年事已高，学校和家人一度安排他静养。但新学年一开始，他就主动提出要上课。申老师说，他要用他的精神来激励学生们学习，用他的德行让学生们信服。

2007年9月22日8点30分，是南开大学化学学院298名本科新生入学后第一堂化学课的时间。8点10分，上课时间还没到，申泮文先生就提前来到教室。看到老先生虽已满头白发却仍神采奕奕，同学们和前来旁听的几十位老师都深受感染。

这些新生的第一堂课是申泮文院士的“化学概论”。这门课程是所有化学系一年级学生的基础课，引入中国已有百年。而南开的“化学概论”由申泮文院士主持，是国家级精品课程，在化学界影响广泛。

一本15页的讲义，298名新生人手一册。那是课前发放的，是申泮文先生主持编写的“化学概论”教科书第一章。它已列入“十一五”国家级规划教材，课程组正在紧张编写，而南开学生已经先睹为快了。

化学与人类社会的持续发展问题，是这一节的重点。他疾呼：“我们要拯救地球，让它不至于崩溃，人类仍然可以安居乐业。”“最重要的是能源问题和污染问题。我们首先要解决这些问题，让社会更美好，大家团结在一起。化学家应该献身于人类未来美好世界的建设。”讲完这个问题，申泮文先生语重心长又充满信心地补充说：“我们化学家有办法。”

这节课的另一个重点是化学家的社会责任。申泮文先生说：“你们入学了，要把你们培养成为高素质创新型化学家。你们需要做什么准备?”他说，化学家首先要有道德操守。科学是一柄双刃剑，可以造福人类，推动社会进步，也可以带来危害。科学家的社会责任是为人民谋福利。

讲到这里，申泮文先生以著名科学家王淦昌院士“以身许国”、袁隆平院士“做事先做人”以及南开校友邹承鲁院士勇当“科学道德卫士”的故事，勉励青年人爱国，努力学习。

不知不觉，一个半小时过去了。这节课，申泮文先生只喝了一口水，从头至尾嗓音洪亮，中气十足。他一边点击鼠标放映幻灯片，一边加以详细说明，许多翔实的数据和案例都信手拈来。

为了直观地说明问题，申泮文先生在幻灯片里插播了一段录像，但同学们听不清声音。申泮文见状，不慌不忙地从包里取出迷你音箱，操作十分熟练。这位80多岁才开始学电脑的老人，赢得了热烈的掌声。

为了祖国的明天，申老师现身说法、身体力行，我们感动于申老师不仅仅是因为申老师年事已高，还再次登上三尺讲台，更多的是佩服他对教学的态度，对于青年学子的关心和鼓舞。

5. 刘翔为恩师筹房

很多年前，以刘翔为主角的售楼广告，频频在上海媒体亮相。“翔飞人”通过接拍广告为师傅孙海平挣下一套房的故事，也广为流传。

雅典奥运会载誉而归后，上海市普陀区奖励了刘翔一套位于苏堤春晓名苑的新房。但是孙海平一家三口还住在水电路的一处旧式公房内。师傅的住房问题一直是“翔飞人”的一桩心事，他多次提出自己掏钱给师傅解决住房，却每次都被孙海平婉拒。

滴水之恩，当涌泉相报。这是刘翔从小受到的教育。刘翔忘不了十年前的一幕：华山医院门口的公共汽车站外，孙海平站在瓢泼大雨中等着刘翔父子。“那次师傅专门找了一位专家，治好了我的半月板膝伤。当时我不过是一名二线队员。”刘翔说。师傅在雨中的背影，从此刻在了刘翔的心中。在那一刻，他发誓今后要报答师傅！刘翔还忘不了雅典奥运会前的一幕，为帮助他备战奥运，孝顺的师傅强忍着泪水，“狠心”地将患病的老母亲送进敬老院……每当想到这些，刘翔总是心潮难平。将心比心，真心换来真情，孙海平和刘翔就像父子一样亲。

刘翔打破世界纪录后，在一次普陀区举办的庆功宴上，苏堤春晓名苑的开发商主动提出帮助解决刘翔师傅的住房问题。能与师傅“同进同出”住在同一小区，刘翔非常高兴，当即表示自己可以给楼盘代言作为回报。得到田管中心同意后，刘翔在小区里拍摄了广告。

刘翔为师傅换来的新房是此次新开盘的一处精装修四室两厅的大房子，面积有181.3平方米，是所有新开盘的户型中面积最大、景观最好的。与师傅的四室两厅相比，刘翔的三室两厅要稍微逊色一点。

2007年3月18日，是孙海平教练的乔迁之日，他搬进了新家。这天也是刘翔师徒一年难得的一个休息日，刘翔早早起床，和爸爸妈妈一起，忙着帮师傅搬家。

师傅搬家，刘翔送上的祝福是“健康”，他送给师傅10个健康枕头。礼轻，情义却重。原来，平时训练之余，孙教练为了研究世界110米栏最新动态，总是一头埋进书堆，或者在电脑前查阅信息，有时还要通过电脑研究比赛录像，常常工作到深夜，伏案时间较长。对于师傅的健康，刘翔一直都很关心。“师傅对我无微不至，但他自己工作起来很投入，对身体也不够爱惜。听说健康枕可以防止颈椎病，提高睡眠质量。”刘翔说，“送健康枕，就是想送师傅‘健康’，我想让师傅休息得更好，也希望他能够永远都保持健康!”

有媒体采访他们师徒时，孙海平曾表示：“刘翔老早就说过，想把我家搬到离他家近点的地方，以后照顾我也方便点。平时去训练什么的也能一起出发，彼此有个照应，可以节约很多时间和精力。”当记者问起刘翔是否介意师傅的房子比自己的更大更好时，刘翔憨厚地一笑，说：“没什么，师傅应该住得比徒弟好。”

如今，两人如愿以偿。

6. 史可法狱中探师

史可法是明朝末年抗击清兵的名将，是一位很有民族气节的爱国英雄。青年时代，他曾受到老师左光斗的教诲，老师那忧国忧民的胸怀，刚烈忠义的气节，对他产生了深刻的影响。

1624年，担任左佥都御史的左光斗，曾同杨涟等几位大臣一起，冒着生命危险上疏，向皇帝揭露奸党魏忠贤祸国殃民的罪行。魏忠贤得到消息后，采取了恶人先告状和先下手为强的手段，将左光斗削职为民。第二年，他又编织罪名，把左光斗逮捕入狱。

史可法听到老师被捕的消息，为营救老师出狱而四方奔走，但无济于事。一天，史可法听说左光斗在狱中受到酷刑，被奸党用烧红的铁烧灼全身，生命垂危。史可法不顾个人安危，向狱吏苦苦哀求，想要与老师见最后一面。狱吏深为感动，让他乔装打扮，穿上破烂衣服，背上粪筐，化装成粪便清扫夫的模样，混入狱中。

史可法挨个房间打探老师的下落，在一间阴暗潮湿的牢房里，终于找到了左光斗。只见老师全身被烧灼得皮开肉绽，躺在墙根下，气息奄奄，膝下的肌肉脱落，露出骨头。史可法见老师为了国家而被残害成这样，非常悲痛，扑上前去，跪倒在左光斗的面前，哭了起来。

“你是谁呀?”被酷刑烧伤双目的左光斗用颤抖的双手在史可法的身上摸索着。

“门生史可法来看望恩师。”史可法边说边抽泣。

"什么？是你？"左光斗非常生气。他知道自己是个死囚，魏忠贤一伙大搞株连，在牢里会面，岂不是要连累史可法？他用手扒开眼皮，看了学生一眼，厉声道："这是什么地方！你怎能拿生命当儿戏！你快走，快走！"

"门生不走了，要服侍恩师，与恩师共生死。"史可法诚挚地恳求着。

"我要你马上就走！"老师厉声命令道，"方今奸党横行，国家坏到这步田地，我身陷囹圄，已经不行了。老夫唯一的希望是盼你能承担起救国救民的重任。而你居然不顾利害，自投罗网，国家的事依靠谁呢？"然而史可法还是不愿意离去，苦苦哀求。

"你赶快出去！不然，与其等奸党对你下毒手，不如我现在就处治你。"左光斗一边打断史可法的话，一边举起身上的铁链，装作要打下去的样子。

史可法深知老师赶自己走，是为了保护自己，让自己承担起救国救民的重担。他只好向老师叩头，哭着说："门生马上就走，恩师的教诲我一定牢记在心，但愿恩师千万保重啊！"他擦干眼泪，离开了牢房。

史可法牢记老师狱中的教导，一世为官廉洁奉公。后来在抗击清兵入侵的战斗中，与扬州城共存亡，大义凛然，慷慨就义。

第三章　感恩同学

感恩同学对我们的帮助，感恩同学们的默默陪伴，感恩同学们的直言批评，同学帮助我们取得日后的成绩。感恩同学有很多种方式，对他们表示尊重是其中十分直接有效的方式之一。同学之间的友谊是世界上极纯洁的友谊，同学帮助你时从来没有想过什么回报，只要你用心去尊重他们，就是莫大的感恩。

1. 感恩同学的默默陪伴

从步入幼儿园的那一刻起，我们身边就多了同学这一群体。此后的十几年时间里，我们都是在同学的陪伴下度过学校生活的。从心智还不成熟的孩童到意气风发的青年，从初入校门的懵懂再到踏出校门的茫然，我们无不是在同学的陪伴下慢慢成长的。

如果说老师是我们成长道路上的指路人，那么同学就是我们成长道路上的搀扶者，是一起面对困难、相互鼓励的伙伴。因为有了同学的陪伴，我们才不会在攀登书山的过程中感到孤寂，我们在困难面前才能更有勇气。

可以说，在我们生活和学习的道路上，少不了同学的陪伴。大家在一个集体里互相帮助、互相竞争，最后才能共同成长进步。

在班级中，同学之间处处充满了竞争，无论是考试、比赛，还是劳动、爱好。最普遍最“残酷”的其实还是学习上的竞争，但是我们应该知道，同学之间的这种竞争是不可避免的，但它不是盲目的。应该正确地面对同学之间的竞争，这样我们就会通过竞争让自己的能力得到提高，自己的成绩进步，因此我们要感谢和我们共同竞争的同学，在互相竞争中，我们一点点提高了自己，让彼此共同成长，最后得到多赢的结果。

但是，有的同学却不能正确地对待竞争，面对别人的好成绩产生了忌妒这种不良心理，于是他们很可能会想办法阻碍别人学习，背后说他人的坏话或者有些有用的学习信息，只有自己知道而不告诉别人，自己有好的参考书的时候不想与别人共享，这些都是不好的。这样的忌妒心理对自己是一种负担，它会让人经常感到焦虑、烦躁、不公平，从而更不能静下心来搞好学习和其他活动，最终影响的是自己，所以我们要提倡正当竞争 ，要学会正确看待和我们竞争的同学，把他们看作自己学习的对象，感谢他们，因为有他们的无形督促，我们才会产生适当的压力，让自己努力学习，我们才有动力发挥自己的潜力做到更好，没有竞争的话，我们就会原地踏步，永远不能进步。

同学之间除了竞争之外，还要相互帮助，因为每一个人都不是单独的个体，一个人无法在这个世界上生存，我们要吃东西、要穿衣服，就需要有种粮食、做饭的人，需要有种棉花、纺线织布的人，我们需要别人的帮助，同样别人也需要我们的帮助。我们和同学可以互相帮助学习，互相帮助完成课外练习。我们在的同一个班级是一个集体，当某一个人要代表班级参加学校的演讲比赛、参加学校的运动会时，我们要尽自己所能去帮助他们，因为他们争得的荣誉不只是他们自己的，也是整个集体的，这个荣誉里面有大家的功劳。

一个人并不能够体会到上面的乐趣。即使同学之间有争吵，有误会，可是我们在这些争吵和误会中也学会了怎样去对待同学，会更加了解自己。孤单的一个人很可怜，没有人陪着说话，没有人陪着做游戏，在自己有题目不会做的时候，也没有人帮你解答。所以我们要感谢同学，感谢上学的时候有他们的陪伴，我们才能有丰富多彩的校园生活。

同学之间不经意的鼓励、帮助、理解和关心，都将是我们宝贵的记忆，即使它看起来非常渺小，微不足道，甚至当时我们都没有意识到，但是当我们日后回忆起来的时候，都会感觉这是如此美好，如此弥足珍贵。为了让我们的同学之情更加长久坚固，也为了我们日后能够有美好的回忆，我们应该学会感恩我们的同学，感恩他们的默默陪伴，感恩他们在困难时的帮助，感恩他们的真诚和信任，感恩他们的真挚和关怀。

2. 感恩同学的信任

任何人无论做什么事情，都需要他人的信任，只有这样，他才会更加安心、自信、积极地做事，被别人信任的感觉是不一样的。试想一下，在你做事情之前，别人和你说一句“我非常相信你”，你会有怎样的感觉呢？是不是做起事情来更加有动力，非常自信呢？你是不是会更加小心地保护这份信任感，更加珍惜这份信任感呢？

信任在同学之间非常重要，在学生中经常会有一种“起绰号”的行为，这些绰号有好的也有坏的。曾有位小学生说，他和一个同班同学是好友，他们一起上学，一起吃午饭。突然有一天，别的同学叫他的朋友“四眼”，他的朋友非常不喜欢这个绰号，并且认定这个绰号是他起的，还不等他解释，朋友就大发雷霆。他觉得这非常不公平，因此非常气愤，他认为对方对他没有最基本的信任，因此就不想再跟对方交往了。没有了信任，连朋友都没得做了。同学之间重要的是互相信任，不能有半点猜忌，只有这样，同学关系才会更加融洽、和谐，大家才能互相鼓励、进步。有关信任的故事非常多，相信看了下面的这个故事，会对我们每个人都有所启发。

公元前四世纪，在古老的意大利有个叫皮斯阿司的年轻人，他不小心冒犯了国王，并被判绞刑，不久将会被处死。皮斯阿司是个远近闻名的大孝子，在临刑之前，他希望能和远在千里之外的母亲见上最后一面，以表达他对母亲的歉意，因为他不能够为自己的母亲养老送终了。

很快，他的这一要求被告知了国王。国王感其诚孝，决定让皮斯阿司回家与母亲相见，但条件是必须找到一个人来替他坐牢，否则他的这一愿望只能是镜中花水中月。这是一个看似简单其实近乎不可能实现的条件。有谁愿意冒着被杀头的危险替别人坐牢，这岂不是在自寻死路吗？大千世界就是有人不怕死，而且愿意替别人坐牢，他就是皮斯阿斯最忠诚的朋友达蒙。

达蒙进牢房之后，皮斯阿司便回家与母亲诀别，人们都默默地关注着事态的发展。逝者如斯，皮斯阿司一去不回头，眼看刑期在即，皮斯阿司也没有回来的迹象，人们一时间议论纷纷，都说达蒙上了皮斯阿司的当。

行刑日是个雨天，当达蒙被押赴刑场时，围观的人都在嘲笑他愚蠢，而且幸灾乐祸的大有人在。但刑车上的达蒙不但面无惧色，反而表现出一种慷慨赴死的豪情，追魂炮被点燃了，绞索也已经套在了达蒙的脖子上，那些胆小的人早已吓得紧闭双眼，他们在内心深处很为达蒙深深惋惜，并痛恨那个出卖朋友的小人皮斯阿司，但是就在这千钧一发之际，在淋漓的风雨当中，皮斯阿司飞奔而来，他高喊着："我回来了！我回来了！"

这真是人间最感人的一个场景，所有人都齐声呐喊起来，刽子手甚至以为自己身在梦中，很快消息传到国王的耳中，国王将信将疑地匆匆赶赴刑场，最终国王亲自为达蒙松了绑，并当场赦免了皮斯阿司的罪行。

这种信任在同学中尤为可贵，曾经有位小学生讲过这样一件她亲身经历的事情。当时她上小学五年级，在第一学期她参加了班长竞选，开始她只是抱着试一试的态度，因为在她看来，自己除了学习成绩好之外，其他方面的能力并不强，而要当班长恰恰需要没有能力短板，但是后来的事实证明，班上有多一半的人都选她为班长。后来，在班级的发言中，她表示："还有很多同学没有选我，是因为他们对我还没有足够的信任，今后我要更加努力，好好工作，为同学服务，争取能够得到全班同学的信任。"在整个学期中她都非常努力，不但学习成绩总是名列前茅，同时还把班级的事情处理得井然有序，班级在学校的很多活动里拿了好成绩。到了下学期选班长的时候，她最终以全票当选，获得了全班同学的信任。

信任有着非常大的力量，它能够给人们带来信心和勇气，能够让人们把看似艰难的事情顺利完成。它给了我们很多难能可贵的东西，需要我们每个人去呵护。

感恩那些曾经给予过我们信任的同学吧，正是由于他们的信任，我们才能不断取得进步，在日后才能够更加自信地学习、工作。

3. 感恩同学的逆耳忠言

赞美的话每个人都喜欢，但是它却对我们有着非常大的危害。沉溺于别人的赞美中，往往使人丧失斗志，失去奋斗的动力，停滞不前。

虽然好听的话听起来很舒服，谁都喜欢听，但是有时候别人在说这些话的时候并不是真心的。“良药苦口利于病，忠言逆耳利于行”，说的正是这个道理，往往那些听起来不是很顺耳的话，常常是我们进步的动力，它们才是真正有利于我们自身发展的话语。这句话出自《史记·留侯世家》。

公元前207年，刘邦攻占咸阳之后，进入秦宫察看。秦宫内宝物无数，美女如云，这让刘邦感到前所未有的新奇和满足，产生了想好好享用这一切来弥补自己曾经受到的苦难的念头。

樊哙是刘邦的部下，很快他便看出了刘邦的心思，就问他是要做一个富豪，还是要统领天下？刘邦说：“当然是统领天下。”

樊哙说：“秦宫里珍宝无数，美女众多，这些都是导致秦朝灭亡的原因。请速返回灞上，千万不可留在宫中。”可正处在兴头上的刘邦哪里听得进樊哙的谏言？这事被刘邦的谋士张良知道后，张良对刘邦说：“秦王昏庸无道，百姓才起来造反，您才得到了这一切。您替天下百姓除掉暴君，更应该维护形象，节俭度日。现在您刚到秦宫就想享乐，怎么能行呢？忠诚正直的话不顺耳，但对行动有利；好药一般都很苦，但却能治病。望主公听从樊哙之言！”最终刘邦听从了樊哙、张良的劝告，马上下令封库，关上宫门，返回灞上。

后来“忠言逆耳利于行，良药苦口利于病”就一直被人们用来警示自己：别人的劝告往往是不中听的，但是对自己的行动有指导作用。

正所谓“金无足赤，人无完人”，每个人或多或少都存在一定的缺点。但是自己通常又不能够发现自己的这些缺点，只有在别人的提醒下才能够意识到问题所在。有些人心直口快，对于他人的缺点毫不掩饰地指出来，有的时候让当事人感到非常尴尬。有些人甚至还会因此和自己的同学大吵一架，因为不好听的话，谁都不愿意多听。但是对于这些刺耳忠言，我们却更应该认真听取，这样的话只有真心想为我们好的人才会“冒死相谏”，他们只是想让我们今后能够少走弯路。所以，当你有这样直言的同学的时候，你要感谢他，因为他是在帮助你成长。

三国时期，吴国德高望重的大臣吕岱为人正直，爱才如命，由他引荐，出身贫寒、没有靠山的徐原做了官。但是，出乎大多数人的预料，上任后的徐原并没有对吕岱唯命是从、感恩戴德，而是敢于直言。每当吕岱做了错事，徐原总是直截了当批评他。有人便在吕岱面前讨好，说徐原的不是，通常吕岱都是笑着说：“徐原能当面指责我的过错，是为了我好啊。我敬重、举荐徐原正是因为他有这个长处啊。”后来徐原不幸去世，吕岱哭得很伤心，他说：“徐原是我的益友 ，现在他不幸去世，我今后还能从哪儿知道自己的过失呢?”之后人们谈论这件事，都赞美徐原敢于直言上级的过失和吕岱乐于接受批评的美德。

作为吴国的大官，吕岱能够那样对待敢于对自己直言的徐原，实属不易。因为吕岱知道一个人不可能任何错误都不犯，而当自己犯错时能够直言的人少之又少，尤其是面对自己这样一个权倾朝野的大官时。

在学习中，我们需要能够直言我们的失误和不足，能够给我们及时出点子的同学帮助我们进步。当我们走上社会，开始工作的时候，更需要有这样的人来帮助我们进步。

日、美两国的大企业家松下电器的松下幸之助与 IBM 的小华特森（Thomas Watson Jr.）对于“利于行”这样的逆耳忠言，都有着非常深刻的体会。

很多情况下，商人对挑剔的顾客都非常厌烦，经常对抱怨的顾客视如瘟神，避之唯恐不及。但是，松下幸之助对这些客户反倒非常感谢。

松下幸之助曾经表示人人都喜欢听赞美的话，可是顾客光说好听的话，一味地纵容，会使自己懈怠；没有挑剔的顾客，哪有更精良的产品！所以，面对挑剔的顾客，要虚心求教，这样才不会丧失进步的机会。

同时，他又表示顾客的抱怨经常是企业反败为胜的良机。企业常常在诚恳地处理顾客的抱怨中，与顾客建立了更深一层的关系，因而意外地获得了新的生意。所以，对于抱怨的顾客，自己实在非常感谢。

对于那些敢于谏诤的部属，他们提出的往往都是“忠言”，但是很多领导却认为，这些员工根本没有把自己放在眼里，这是对自己的冒犯。小华特森却认为，只是与自己喜欢的部属在一起，很容易跌入失败的陷阱中，因为只有那些自己不喜欢的部属，才会告诉你事情的真相。

所以，小华特森十分重视那些他不喜欢的部属升迁的情形，并特意安排机会接近他们。

小华特森认为自己非常注重那些刻薄、粗暴、令人不愉快的家伙，因为只有他们才会敢于谏言，直话直说，如果你能够找到足够多的这种人，让他们时刻跟在你身边，然后耐心地听他们说话，你的前途一定不可限量。

从松下幸之助与小华特森的话中，我们能够深深地感受到，逆耳的忠言对于我们每一个人来说，实在太重要了。不管是对谁，我们都要有一颗容纳异议的心，只有当自己能够正确对待那些给自己提出异议的同学的时候，才能够真正取得进步。我们要感恩那些能够对自己说出逆耳忠言的同学，感恩他们提供给我们一次成长、进步的机会。

4. 感恩同学，更要尊重同学

尊重别人，才能得到别人的尊重，同学之间只有互相尊重，才会建立起深厚的友谊。在一个和睦友好的班级里，大家才会愉快学习、茁壮成长。尊重他人是我们待人最起码的原则，一个不会尊重他人的人，在日后是很难受到他人的尊重和帮助的。

每个人身上都会有属于自己的优点。美国诗人爱默生说："我遇到过的每一个人，一定在某方面比我优秀。"在每一次考完试后，同学们都会比较，很多学生都会说："谁谁好厉害，考了多少分，考了第几名。谁谁才考了几分。"但是我们在看到成绩稍差的同学缺点的时候，也应该看到他的优点，或许他讲故事讲得很好，或者画画很好，或者劳动能力强等。千万不能够因为同学的学习成绩差就取笑他，每个人都有值得我们学习的地方，每个人也都值得我们尊重，只有尊重同学才会和同学和睦相处，化解冲突，不至于影响自己的正常学习。

小张非常幸运，到哈佛大学读研究生的第一年，他得到了全额奖学金，这可以让他一心一意地念书。但第二年他就没有那么惬意了，只好向校方申请助教奖学金，即替教授打工，做些力所能及的事。递了表格后，小张忐忑不安地等候着消息。

几天后，小张便收到一封校方公函。他打开一看，顿时愣住了。他的第一反应就是一定有人捉弄他，这封信一定是假的！信的开头竟然尊称小张为“阁下”（Sir），而不是用一般的称呼“先生”（Mister）。要知道，当时小张只是个微不足道的二年级研究生，写信人代表高高在上的哈佛大学校长及校董，叫小张“先生”已经很让人受宠若惊了，他怎能担当得起“阁下”的尊称？

紧接着，第二句话也极其离谱：“我恳切地告知您，校长及校董开会后，决定聘请您为助教……”“我恳切”的原文是“I beg to”，这一般是下对上的语气。这样的谦恭，让人如何消受得起？

最让人吃惊的是信的落款，竟然自称为“您顺从的仆人”（Your obedient servant），更是让人匪夷所思了。

小张看完信，心想一定是哪位学长跟自己开玩笑，炮制这样的信来寻开心。但是，小张看看信纸信封都是正式的校方用笺，又觉得不像作伪。可是堂堂的哈佛校方，会对默默无闻的学生恭语相称吗？难道自己是在做梦？

历史上，有许多类似三顾茅庐、折节求贤的故事，但是被邀请出山的都是已有贤名的人，名不见经传的小人物绝对不会受到这般礼遇。虽有像战国四公子孟尝君这样的人，鸡鸣狗盗者都可以来门下做食客，但主人还没有谦卑到自称为佣仆的地步。如此说来，难道这些对人谦恭的词句，是这座高等学府的传统？

于是，小张向一位读文科的学长请教。他告诉小张，以仆人自称的做法，在一两百年前的西洋公文信中，倒是常有的，不过以此用在给学生的信中，却并不多见。想必是校方有意沿袭古风，以表尊师重教，难得的是对学生助教都一视同仁。

第二天，小张怀着几分胆怯和猜疑的心情，去国际留学生中心和人事处查询。结果出人意料，校方肯定这封信是货真价实的。校方还介绍，做了助教，有薪可支，学费全免，甚至可以成为教授俱乐部会员。小张觉得这些福利虽然重要，但那封礼贤下士的信，才是最珍贵的奖励。当时小张许下一个愿望，如果自己将来成为富翁，一定捐巨款给学校。

从那以后，这封信就一直挂在小张办公室的墙上。令他惭愧的是他并没有变成大富翁，他毕业后兢兢业业一直从事教育工作，每年只给母校寄去微薄的心意，但是小张很高兴有许多校友捐大笔钱给母校。小张想，他们必定也接到过类似的信函，或身受过相似的礼遇。

看着这封信，小张常常提醒自己，对他人要以哈佛校方为榜样，尊重他人，待人以礼，希望一封类似“顺从的仆人”的信，也能一辈子挂在他们的心上。

下面是一个发生在美国纽约曼哈顿的故事。

一位40来岁的中年女人领着一位小男孩走进美国著名企业“巨象集团”总部大厦楼下的花园，在一张长椅上坐下来。她不停地跟男孩说着什么，似乎很生气的样子。不远处有一位头发花白的老人正在专心地修剪灌木。

中年女人忽然从随身挎包里揪出一团白花花的卫生纸，一甩手将它抛到老人刚剪过的灌木上。老人诧异地转过头朝中年女人看了一眼。中年女人也满不在乎地看着他。老人什么话也没有说，慢慢走过去拿起那团纸扔进一旁装垃圾的筐子里。

过了一小会儿，中年女人又拿出一团卫生纸扔到老人刚剪过的灌木上。老人仍然沉默着，再次走过去把那团纸捡起来扔到筐子里，然后回到原处继续工作。可是，老人刚拿起剪刀，第三团卫生纸又落在了他眼前的灌木上……就这样，老人一连捡了那中年女人扔的六七团纸，但他始终没有因此露出一丝不满或厌烦的神色。

“看见没有?”中年女人指着修剪灌木的老人对男孩说：“我希望你明白，你如果现在不好好上学，将来就跟他一样没出息，只能做这些又卑微又低贱的工作。”

老人放下剪刀走过来，镇静地对中年女人说：“夫人，这里是集团的私家花园，按规定只有集团员工才能进来。”

“我当然知道，我是‘巨象集团’下属公司的部门经理，就在这座大厦里工作!”中年女人高傲地说着，同时掏出一张证件朝老人晃了一下。

“能把你的手机借我用一下吗?”老人沉吟了一下，慢慢地说。

中年女人极不情愿，但还是把手机递给了老人，同时又不失时机地教育孩子道：“你看这些穷人，这么大年纪了，连手机也买不起。你今后一定要努力啊，可不能像他一样没出息!”

老人打完电话后，礼貌地把手机还给了妇人。很快一名男子匆匆走来，恭恭敬敬地站在老人面前。老人对来人说：“我现在提议免去这位女士在‘巨象集团’的职务。”“是，我立即按您的指示去办!”

老人走到小男孩跟前，用手抚了抚男孩的头，意味深长地说：“我希望你明白，在这个世界上最重要的是要学会尊重每一个人。”说完，老人撇下三人缓缓而去。

中年女人完全被眼前发生的事情惊呆了。她认识那个男子，他是“巨象集团”主管任免各级员工的高级职员。

“你……你为什么要对这个老园丁那么尊敬呢?”她大惑不解地问。

“你在说什么啊?老园丁?他是集团总裁詹姆斯先生!”

中年女人一下子瘫坐在长椅上。

常怀一颗感恩的心，感恩同学对我们的帮助，感恩同学的默默陪伴，感恩同学的直言批评，这样我们才得以取得日后的成绩。感恩同学有很多种方式，对他们表示尊重是其中十分直接有效的方式之一。同学之间的友谊是世界上极纯洁的友谊，他们帮助你时从来没有想过什么回报，只要你用心去尊重他们，就是莫大的感恩。

5. 感同学之恩，责自身之过

在和同学交往的时候，我们难免会与同学发生一些摩擦、不快，遇到这种事情的时候，不要总把责任推到同学身上，埋怨同学。一个巴掌拍不响，遇事要多从自身找原因，如果是自己的错，要主动向同学道歉，如果是同学的错，我们也应该给予谅解，“人非圣贤，孰能无过”，其实谅解也是对同学的一种感恩。

有这么一则小故事，或许可以给我们一些启示。

一次阿里与好友吉伯、马沙一起外出旅行，三人经过一处陡峭的山路时，马沙突然失足滑倒，眼看就要摔下万丈山崖。就在这危急时刻，吉伯一下抓住马沙的衣襟，用力将马沙拉了上来。为了记住这一恩德，马沙在路边的一块大石头上刻下这样一行字:“某年某月某日，吉伯救了马沙一命。”

三人继续向前走。在海边，因为一件小事，吉伯和马沙吵了起来。吉伯一时冲动，打了马沙一记耳光。但是，马沙没有还手。他跑到沙滩上，在沙滩上写下一行字:“某年某月某日，吉伯打了马沙一个耳光。”

旅行结束后的一天，阿里问马沙:“你把吉伯救你的事刻在石头上，而把他打你的事写在沙滩上，这是为什么呢?”马沙回答说:“我要永远感谢并记住吉伯的救命之恩，至于他打我的事，我想让它随着沙子的流动逐渐被我忘得一干二净。”

马沙能够正确对待恩惠和怨恨，这一点值得我们学习和借鉴。但是现在同学之间很少有人能够有马沙那样的气度，有的人对别人给予自己的帮助缺乏足够的感恩之心，认为是“应该”的；有的人得到别人的帮助不知道应该回报，或者只是一时感激，时过境迁便很快遗忘；有的人甚至不辨是非，恩将仇报……而当别人不小心损害了自己的利益时，很多人却会牢记在心，甚至长期耿耿于怀。整天挂在嘴上，逢人便说者有之；以牙还牙，冤冤相报者有之；寻找机会进行报复者有之……

感恩是一种美德。古人说：“滴水之恩，当涌泉相报。”事实上，这句话所表达的不是一种现状，而是一种追求，完全做到的人并不多。即便如此，我们也不应放弃这种追求，因为记住别人对自己的好，以感恩的心态对待他人，以宽阔的胸襟回报社会，是一种利人利己、有益社会的行为。

民间有句俗话说得好：“你帮别人快忘记，别人帮你要牢记。”这是一句教人加强道德修养、学会感恩的处世良言。现代社会，人们的交往面比过去大大拓宽，人们接触的人更多，人际关系更复杂，人与人之间的合作、矛盾、思想乃至利益上的碰撞也更多。因此，我们更需要保持感恩之心。

经济学家孙冶方和舞蹈家资华筠都是第五届全国政协委员，他们常在一起开会。一天，孙冶方得知资华筠是著名学者陈翰笙的学生，就主动告诉她：“你的恩师也是我的引路人啊，我是在他的影响下，参加革命并且对经济问题产生兴趣的，所以我很感谢他。”后来，资华筠把这件事告诉了陈翰笙，陈翰笙老人家却说：“不记得了。”资华筠认为老人年事已高，记不清楚了，嗔怪着说：“人家大经济学家称您是引路人，您倒把人家忘记了?!”不料，陈翰笙老人十分认真地说：“我只努力记住自己做过的错事——怕重犯。至于做对的事情，那是自然的、应该的，记不得那么多了。孙冶方选择的道路和成就，是他自己努力的结果，我是没有什么功劳的。”

随时不忘责己之过而时时忘记施人之恩，更是一种难得的美德。记住自己做过的错事，是吃一堑长一智、避免重蹈覆辙的前提。一个人要想少犯错误，不断取得进步，就必须做到这一点。一般情况下，施恩者在有意无意间都希望受益者给予回报，倘若受益者没有什么表示，施恩者往往会气恼不快。相比之下，像陈翰笙先生那样把自己的施人之恩视为“自然的、应该的”，不求回报，这种真诚、宽厚的胸怀，是一种更高更深的境界。

人生在世，要互相理解，互相帮助；多反思自己的不足，多感恩别人的帮助，少谈论别人的缺点，对矛盾不要老是耿耿于怀。如果能做到这一点，人与人之间的摩擦就会减少许多，社会就会更加和谐，生活也会更加温馨。

正如法国启蒙思想家卢梭所说："忍耐是痛苦的，但它的果实是甜蜜的。"铭记着自己的引路人，念念不忘别人对自己的恩典；不记得自己做过的好事，而只努力记住自己做过的错事。这是两种情怀与境界，非比寻常。

如果你是一个苦恼的人，你应该学会感恩，因为感恩是驱除你苦恼的一剂灵丹妙药；如果你是一个对生活心灰意懒的人，你应该学会感恩，因为感恩的时候就是你的身心得到温暖的时候；如果你是一个郁郁不得志的人，你应该学会感恩，因为感恩会使你的心情渐渐舒畅，渐渐平和；如果你是一个只顾索取的人，你应该学会感恩，因为感恩会使你学会适当给予；如果你是一个快乐的人，你也应该学会感恩，这样，你的快乐就会取之不尽，它会把一个人塑造得更完美。如果你想有一个好的心境，那不妨试着学会感恩，把每一天当成你的感恩节。

第四章　感恩朋友

是谁陪你走过了成长中的每一段旅程，是谁陪你分享了快乐和忧伤，是谁让你的心不再寂寞，又是谁在你失落和绝望时陪伴着你……那就是我们亲爱的朋友。他们是冬日里的阳光，无论何时都暖洋洋、明晃晃；他们是醇香的陈年老酒，越久越香。朋友是我们一生中宝贵的财富，在现实生活中，人和人之间的身体距离很近，但心的距离却遥不可及，唯有朋友的心离得那么近，所以我们要感恩朋友。

1. 朋友是本好书

两人共尝一份痛苦，只有半份痛苦；两个人分享一份快乐，却会有两份快乐。的确，朋友是人生中不可缺少的一部分。假如你的生活中没有朋友，那么你就不会知道什么是友情，也不会懂得“朋友是本好书”这句话的含义。

朋友是本好书。其中有些只有几页，有些却洋洋洒洒。有些是精装书，有些是袖珍本。但读到最后，总有一句这样或那样浓缩的话，足以在人们意志最薄弱的时候支撑起他们的人生。

友谊的不可传递性决定了它是一本孤独的书。我们可以和不同的人建立不同的友谊，但我们不会和同一个人建立不同的友谊。友谊是一条越掘越深的巷道，没有回头路可走，刻骨铭心的友谊也如同恩情一样，让人终生难忘。

朋友是你一生都需要的人。也许在你遇到挫折的时候，你会在第一时间想到朋友，向朋友倾诉；也许在你快乐的时候，你也总想把快乐分享给朋友，让他们与你一同高兴；也许在你寂寞的时候，你总会想和朋友一起狂欢，填补内心的空虚；也许在你伤心的时候，你会想和朋友大哭一场，忘却烦恼和伤心……总之，无论何时，无论何地，只要你需要，朋友总会毫不犹豫地倾情相伴。

小云中午错过了午睡的时间，就在她昏昏欲睡的时候，小芳发来短信，要和她找地方一起看书。她们两个人是大学同学，同窗 4 年，小芳喜欢看的书恰好是小云阅读范围之外的东西，因此常常能给小云不一样的启发。

后来小云读研，小芳工作。小云从小芳那里不断得知业界动态，不至于和实践脱节。有时候小云身体不适或者心情郁闷，就到小芳租的房子里疗伤。某次小云的钥匙断了，她大半夜进不了门，给小芳发短信，恰好小芳下夜班归来，二话不说，就要小云来自己家借宿。

小云研究生毕业前夕，小芳去北京工作。身边少了小芳，虽有诸多不便，小云仍然为小芳的选择助威、鼓劲。后来她收到小芳的一则短信，大意是希望将来有一天会在北京重逢。如今果然应验，小芳现在住的地方离小云的学校不过几分钟的路程。常常两个人聊天聊得兴起，小云送小芳回去，小芳又送小云回来，如此反复。当初小云来京的时候，小芳到车站接小云，偌大的北京，因为有熟人，小云才不觉得茫然无措。仔细算来，从入大学至今，已经10年了。小云与小芳十年好友，也是一出《老友记》了。

朋友是一本清新淡雅的书，能让人们读上一辈子。这就是朋友之间相知的美好，它只是淡淡的相守。也许朋友之间没有必要经历大起大落，或者大喜大悲，只是互相给予鼓励，互相给予帮助。这样互相珍惜，朋友的友情才能细水长流。

世俗的无奈与尘世的纷扰有时让我们感觉拥有真正的友情难上加难，太多人所拥有的朋友就似天边一片飘浮的云，只是短暂地停留于自己的视野中就消失无踪；太多的朋友也似昙花一现，只留下短暂的芬芳后就凋零枯萎。这样的朋友不是真正的朋友，因为人性原本是多变的，任何人都无法主宰一个人的思想和言行，所以更无法选择别人的去留。

要喜爱面貌姣好或谈吐风趣的人很容易，但是要喜欢那些给我们造成不便和不快的人太难了。我们总是和那些不如我们健康、美丽或聪明的人保持距离。

你是否也因对别人产生过误会而错过了一生的好友？也许生活中我们会遇上总是以貌取人的人。可是总有人能够真正看到我们内心的美，他们会拿我们当真正的朋友，不论我们多么糟糕，总是愿意接纳我们。

如果我们真能遇上这样的朋友，那我们要用一生去珍惜他们，这样的朋友是给予我们自信的人，是教会我们坚强活着的人，因为我们有这样的朋友相伴一生，我们并不孤独。

每个人心里都藏着一种神奇的东西，它被称为“友情”，你不知道它究竟是如何产生以及何时产生的，但你却知道它总会带给我们特殊的礼物。朋友就是一本神奇的好书。

2. 感恩朋友的雪中送炭

有一年冬天，天气特别冷，到处都是白皑皑的积雪。宋太宗在皇宫里面，穿着龙袍，烤着炭火，还觉得寒气逼人。他命人拿来美酒，借酒来驱散寒冷。一杯酒还没喝完他就开始想：我住在皇宫中，穿着狐狸皮做的龙袍，烤着炭火，还觉得冷，那些缺衣少食的贫困百姓，他们又没有炭火烤，不知会冻成什么样。我必须想点办法，帮助他们解决这个实际问题。

想到这里，他马上招来开封府府尹，对府尹说：“现在天寒地冻，我们这些有吃有穿的人都觉得冷，那些缺衣少食没火烤的百姓，肯定更加受不了。你马上带上衣食和木炭，替我去慰问他们，帮助他们迅速解决这个燃眉之急。”

开封府府尹一接到圣旨，马上带领他的随从，准备好衣服、粮食和木炭，将它们挨家挨户地送到老百姓手中。凡是没米没衣服的就给他们送去米和衣服；而那些没有柴烧的，就给他们送去木炭，让他们烤火。

那些饥寒交迫的百姓非常感动。这就是雪中送炭的由来。

一些人说这社会越来越没人情味了，那么现在的我们是否能够在朋友困难的时候做到雪中送炭呢?

真正的友情不附带任何条件，无须炫耀事业、成就和身份，无须显示经历、地位和处境；真正的友情本质上拒绝功利，拒绝归属，拒绝契约。真正的友情是独立人格之间的互相呼应和确认，真正的友情使人们独而不孤，互相解读自己存在的意义；真正的友情是在我们遇到困难的时候鼎力相助；真正的友情是患难之中所见的真情。

两年前，因为操作失误，他苦心经营3年多的小公司破产了。一夜之间，他不仅成了一文不名的穷光蛋，而且还欠了一屁股债，被人追得到处跑。家是不能回的，他思来想去，唯有去省城的一位朋友那里躲一躲。

他和他的朋友是发小，从小一起长大，关系当然没得说。小时候，有一次他俩去海边玩，朋友不小心掉进水里，是他喊人把他救上来的，这种交情应该算深厚了吧。

可是下了火车，他又开始犹豫了，多年没见，朋友还是原来的朋友吗?记得朋友结婚的时候，他去参加婚礼，朋友娶了个娇滴滴的女人，她会不会嫌弃自己呢?

一念及此，他就打起了退堂鼓，他把口袋里仅有的钱翻出来数一数，在火车站附近找了间最便宜的小旅馆住下。他心想，能住几天算几天吧。

就在他心灰意懒的时候，朋友找来了。朋友一身尘土和倦怠，生气地数落他：“你真不够哥们，来省城也不来找我，害得我到处找你，要不是你妈偷偷打电话给我，我还不知道呢!”他低着头瞅着脚尖，小声嘟囔着：“我还不是怕给你添麻烦吗? 你看我现在又脏、又穷、又臭，恐怕连狗都不如了。”

朋友在他胸口捶了一拳，说：“你还是那个倔脾气，朋友就是用来麻烦的，你不麻烦我，我才生气呢!”

那一刻，他有千言万语噎在喉咙里，一句话都说不出来。他只当全世界都抛弃了自己，原来还有一个人深深地记挂着自己，并没有因为自己落魄而嫌弃自己，有这样的朋友，还能说什么呢？他只得乖乖地收拾行李跟着朋友去他家。

朋友的妻子给他收拾了一间明亮宽敞的屋子，为他准备了可口的饭菜，还叮嘱他千万不要客气，把这里当成自己的家一样。他洗了澡，换了衣服，美美地睡了一觉。

之后，他调整好心态，抓住了机遇，终于东山再起，不但还清了贷款，还有了安定的生活。

友谊最可贵之处不在于锦上添花，而在于雪中送炭。锦上添花的机会经常有，所以锦上添花的朋友比较多；雪中送炭的机会少，所以雪中送炭的朋友真不多。锦上添花的时候多少有点虚伪，但我们却必须要做，不然就印上不懂人情世故的“标签”，难做人；雪中送炭的时候有点悲凉，但我们却未必能做，因为我们未必有能送的“炭”，反而可能会作弄人。所以，对于锦上添花的朋友，要在饭桌上给他留个位置；对于雪中送炭的朋友，要在心里给他留个位置。

王强在国外的时候曾经帮助过一位叫迈克的朋友，迈克现在想起来仍然对王强感激不尽。

那天迈克给王强打电话：“强，我是迈克，昨天刚来温哥华，我想买一部车，能否3点过来接我？”接人过去看车这件事虽然王强经常做（特别是接新移民），但这并非分内之事。当时王强所在的地点和迈克相距很远，他有些不情愿，不过最后还是赶过去接了迈克。

迈克去车行看车。在车行看了一辆比较高档的车后，觉得配置还不够高，就决定暂时不买了。说想明天去看看宝马X5和奥迪Q7。

他们在车行看完车之后，已经是7点了，迈克说没车很不方便，王强说：“那我带你去租车公司吧。”可是去的几家租车公司都已经关门了，王强说：“不如你把我这辆奥迪拿去开吧，明天你过来接我，我带你去宝马和奥迪的车行逛逛。”

当时王强连迈克的电话都不知道，只知道迈克住在一间家庭旅馆。

当时王强也有一些担心，万一迈克开了车走了怎么办？但是之前通过交谈，直觉告诉王强迈克人不错，而且一般新移民都很珍惜移民身份，不会做违法的事情。

第二天，迈克果然准时出现，王强带迈克去宝马车行和奥迪车行看车，最后迈克买了一辆奥迪 Q7。

迈克说，当时如果没有王强，他都不知道怎么在国外生活下去。当时迈克没有车也不知道车的行情，而他又急需一辆车，因为他的生意刚刚做到这里，没有车去见客户不方便，而且客户也不容易信任他。迈克现在都在感恩王强的帮助。

3. 感恩朋友患难中的真情

菲利普和罗杰是一对好朋友。

一天，他们结伴出行。经过树林时，突然出现一只大狗熊。它不怀好意地看着这两个人，心想：饿了好几天了，终于有食物送上门来了。

只见它晃动着巨大的身躯，一步一步向菲利普和罗杰走去。这时，他们两个人也看见大狗熊了，面对这突如其来的险境，真不知该怎么办才好。

菲利普吓得脸都白了，他不安地四处张望。当看到不远处的大树时，他三步并两步地跑了过去，接着闪电般地爬上了树。罗杰也很害怕，脚不停地哆嗦。

眼看着大狗熊就要扑向他了，他突然想起来曾在一本书上看到过狗熊不吃死人。想到这儿，他倒在地上，屏住了呼吸。

狗熊来到罗杰跟前，用鼻子嗅了嗅，没有感觉到罗杰的呼吸，就转身走了。躲在树上的菲利普看到狗熊走了，从树上爬下来，对罗杰说："刚才狗熊跟你说了些什么？"

罗杰说："狗熊告诉我，千万不要跟不能共患难的朋友在一起。"

在患难中友情才能真正体现出来。真正的朋友，在你陷入困境的时候，会义无反顾地帮助你，他不会隐蔽在树叶里，他会冒着被狗熊吃掉的危险，向你走来，你的安危时刻牵动着他的心，只想着自己的人不是真正的朋友。

"患难见真情，烈火见真金。"这是我们对朋友的要求，同时也是判断友情真伪的一种标准；更说明了友情需要提炼、升华。在酒桌上称兄道弟的人也许并不是我们真正的朋友。

我们每个人一生中难免遇到坎坷或不幸，那时的我们是那么恐慌，那么无助。我们多么希望有人拉我们一把，不论是精神上的鼓励，还是陪伴在我们左右，哪怕是一句话、一杯水，在我们的心目中也胜过平日里的千言万语。

前呼后拥的友情不是真友情；在得意时给你逆耳忠言、落魄时给你殷殷关切之言的友情才是真友情。因为真正的友情不会因名利的诱惑而阿谀奉承，真正的友情往往在困难当中得到验证、得到升华。

莎士比亚认为，朋友间必须患难相济，那才能说得上是真正的友谊。你有伤心事，他也哭泣；你睡不着，他也难以安息；不管你遇上任何困难，他都心甘情愿和你分担。明白这些你就肯定能分清，真正的朋友和笑脸敌人。这就是朋友的含义，在我们成功的时候，他们会默默为我们祝福；在我们痛苦的时候，他们会因为我们的忧愁而难过，并积极想办法帮我们渡过难关。

湖北省黄冈市团风县回龙山镇是著名科学家李四光的故乡，革命时期这里还走出了林育英（张浩）、林育南、林育容（林彪）三兄弟。如今这片土地上还有两所以李四光及张浩命名的学校。53 岁的殷先生就是张浩学校的一名语文老师。他已经在祖国的基层教育战线上工作了 30 余年，为李四光中学输送了一批又一批的优秀毕业生。

张先生与殷先生是孩提时代的朋友。1977 年张先生考上了武汉大学，之后他的家人也搬出了回龙山镇，这么多年他与老家的联系已经很少了，与殷先生也是多年未见。

殷先生的妻子原是回龙山镇的农民，为了支持丈夫的教育事业，从村里来到了镇上，操持家务，侍奉老人，照顾孩子。殷先生在自己的岗位上勤勤恳恳、任劳任怨，从一名民办教师成长为一名高级教师。

殷先生的一双儿女也长大成才，儿子殷明在河南科技大学上学，女儿殷慧在暨南大学读研究生。然而，殷先生原本是民办教师，工资相当低，即使现在成了高级教师，每月工资也只有 1400 多元，全家人的重担都压在他的肩上，可想而知，他们的日子过得多么窘迫。殷先生的妻子平时十分节俭，把家人都照顾好了，唯独没有顾及自己，多年来积劳成疾，终于在 2009 年病倒了，被确诊为慢性肾衰竭导致双肾萎缩，需要换肾。可是昂贵的手术费用让这个清贫的家庭望而止步。

殷先生坐立不安，想到结发妻子辛苦了那么多年，还没有享到福就病倒了，他怎么都睡不着觉。

张先生得知此消息后，立即赶往老家回龙山镇，为儿时的伙伴送上 2000 元钱。这钱虽然不多，但足可看到朋友间的真情厚意。他还号召全社会都为殷先生出一份力。

这才叫真正的友情，朋友就是在你有需要的时候及时出现的人。风雨人生路，朋友可以为我们挡风寒，为我们分忧愁，为我们解除痛苦和困难。

人要拥有一颗感恩的心，学会接纳别人。饮水思源，我们要用行动回报有恩于我们的人。天空会因一丝云彩而更深邃，大海也将因一朵浪花而更澎湃。一双援助之手将拯救无数生灵，一声细心呵护将感化无数心灵。

伸出你的援助之手吧，用感恩的心去对待他人，记住朋友对自己的帮助，人在患难之中才可见真情，重义气才是真感情。学会帮助我们的朋友吧，帮助他们就是对我们心灵的拯救！

4. 感谢朋友的关怀和援助

亲爱的朋友，我真心地想对你说三声感谢：谢谢你让我走入你的生命，做你的朋友，或许我不是你最优秀的朋友，但是我会尽力做到最好；谢谢你愿意走进我的生命扮演朋友的角色，你不是唯一的，却是我生命中最精彩的部分；谢谢你这一路走来，给予我很多包容、安慰、关心……

人生在世，拥有朋友的日子是快乐的。真正的朋友让我们永远都有坚实的依靠，他们不仅愿意和我们同尝甘甜，而且能够和我们共担苦难，甚至以生命来履行对我们的承诺。在现实生活中，朋友常常是我们日常生活中的伙伴，工作及事业上的推动者。

大学毕业后的哈维·麦凯开始找工作。当时大学毕业生还不多，他以为可以找到很好的工作，结果却徒劳无功。但哈维·麦凯的父亲是位记者，他认识政商界的一些重要人物。

这些重要人物之中有一位叫查理·沃德的人。他是布朗比格罗公司的董事长。四年前，沃德因税务问题而服刑。哈维·麦凯的父亲觉得沃德的逃税案有些失实，于是赴监狱采访沃德，写了一些公正的报道。沃德非常喜欢那些报道，他几乎落泪地表示，因为哈维·麦凯父亲的公正报道，他才很快出狱了。出狱后，沃德问哈维·麦凯的父亲是否有儿子。

“有一个，在上大学。”哈维·麦凯的父亲说。

“什么时候毕业？”沃德问。

“他刚毕业，正在找工作。”

“噢，那刚好，如果他愿意的话，叫他来找我。”沃德说。

哈维·麦凯第二天便打电话到沃德的办公室。刚开始，秘书不让他见沃德，后来哈维三次提到他父亲的名字，才跟沃德有了通话的机会。

沃德在当时就说："你明天上午 10 点钟直接到我办公室面谈吧。"第二天，哈维·麦凯如约而至，却没想到招聘变成了聊天，沃德兴致勃勃地聊哈维·麦凯父亲的狱中采访，整个过程非常轻松愉快。在聊了一段时间后，他说："我想派你到品园信封公司工作。"

哈维·麦凯站在办公室里，想起一个月前还在街上闲晃的情景，心里美滋滋的。因为，他不但有了一份工作，而且还将在一家薪水和福利都非常好的公司工作。

事实上，他得到的不只是一份工作，更是一份事业。多年后，哈维·麦凯成为全美著名的信封公司——麦凯信封公司的老板。

很多年后，哈维·麦凯还经常说："感谢沃德，是他给了我工作，是他创造了我的事业。"

感恩朋友，因为他们可能在我们人生道路的关键之处推动我们前行，即使并非如此，朋友的言行也是我们的一面镜子，可以暴露我们的缺点，让我们认识自己的才能，反省自己的言行。感恩朋友、善待朋友，便是给自己架设一座通往未来的桥梁，同时也是为自己构筑一个幸福的舞台。

歌德生于贵族之家，25 岁时便写出了轰动欧洲的中篇小说《少年维特之烦恼》。他还曾担任魏玛公国要职并主持大政，可谓声名显赫。

席勒比歌德小 10 岁，出身贫困。还在学校读书时，席勒就为《少年维特之烦恼》深深倾倒，从此开始梦想结识歌德。当歌德回到魏玛城时，席勒想尽一切办法吸引歌德的注意，甚至公开批评歌德的著名剧作《哀格蒙特》，等来的却是歌德的漠然。1793 年席勒主持出版文艺杂志《季节女神》，再三向歌德约稿，依然被他拒绝。当时 44 岁的歌德已是大师级的权威，而席勒只是一个默默无闻的后辈。

但席勒并没有放弃。1794 年，他给歌德写了一封热情洋溢的信，对歌德表达了同代人难以企及的深刻见解 ，这封信终于感动了歌德，二人的友谊从此开始，历久弥坚。

1805 年，席勒病逝，因家境贫困，其遗体被安置在一座教堂的地下室里。20 年后，教堂清理地下室时，发现席勒的遗骨已混杂在几十具骷髅之中。年近 80 岁的歌德竟凭着 20 年前那些秉烛夜谈的深刻记忆，辨认出了席勒的骨骸。

在成功的道路上，自身的努力拼搏当然是最重要的力量，但是如果旁边没有人为你摇旗呐喊，摔倒时没有人伸出援手，孤军奋战的你一定会被痛苦压倒，被孤独打败。所以，人生在世，拥有朋友的日子是幸福的，我们应当对朋友的关怀、信任、宽容、善待与援助心怀感激。

5. 友谊的意义与信条

友谊的英文是“friendship”。Friendship 可以理解为汉语中的“同舟共济”。因为我在船上，真正的目的并不仅仅是欣赏两岸的风光，所以总有上岸的时候。既然上了岸，大家都有自己的目的，肯定各奔前程去了。

英国前首相丘吉尔认为没有永远的友谊，只有永远的利益。我们东方人却不这样认为。老祖宗认为，与朋友交往要重“义”轻“利”，故有“君子喻于义，小人喻于利”之说，并且留下了“人生贵相知，何必金与钱”的不朽诗篇。

于是，“朋友”又多了一些称呼，如结义交、忘年交、患难交、莫逆交、刎颈交……

朋友就是朋友，绝没有任何称谓能代替，绝没有任何词语能形容，即便是世界上所有的玫瑰，再加上世界上其他的花朵，也不能比拟友情的芬芳与美丽。

友谊是心中深深的眷恋，友谊是与人相连的一根心弦，缠绵不断，源远流长，奏出一首首悠长而又耐人寻味的歌曲。

恩尼乌斯说：“在命运不济时才能找到忠实的朋友。”而一般人不可靠有两种原因：或在得意时忘了朋友；或见到朋友有难而弃之不顾。所以，在这两种情形之下仍不改变其友谊的人，才是真正难得，甚至可以说是神圣的人。

鲁迅和瞿秋白曾结下一段崇高而感人的友谊。两个人的友情不仅体现了友谊的真正意义，还把友谊的信条和革命的信仰发挥得很完美。

1933 年 7 月的某个凌晨，一阵急促的敲门声吵醒了鲁迅夫妇。他们仔细一听，是瞿秋白。鲁迅忙打开门，只见瞿秋白夹着一个小包，仓促地走了进来，这是瞿秋白第三次紧急到鲁迅家避难了。

对瞿秋白这位著名人物，鲁迅早就有所耳闻。他还知道，瞿秋白是文学研究会的会员，是一位很有才华的作家。当鲁迅从其学生冯雪峰处得知瞿秋白准备从事文艺工作并愿意参加左联活动时，很是高兴，马上把瞿秋白当作一支很重要的力量。鲁迅好像是怕错过机会似的急忙对冯雪峰说："我们要抓住他！要他从原文多翻译这类作品！以他的俄文和中文，确是最适宜的了。"

鲁迅十分看重瞿秋白的翻译，他认为在国内的文艺界找不出第二个人可与他比较。当然，鲁迅也看重瞿秋白的杂文和论文。鲁迅对冯雪峰说，瞿秋白的杂文尖锐、明白晓畅，"真有才华""真可佩服"，同时也认为瞿秋白的杂文深刻性不够，不够含蓄，第二遍读起来就有"一览无余"的感觉。对鲁迅的批评，瞿秋白是口服心服的。鲁迅对瞿秋白的文艺论文，特别是他批判"民族主义文学""第三种人""自由人"的论文非常赞赏，说："真是皇皇大论！在国内文艺界，能够写成这样的论文的，现在还没有第二个人！"

鲁迅让冯雪峰拿《铁流》的序文请瞿秋白翻译，瞿秋白马上就赶译出来了。后来鲁迅又拿卢那察尔斯基的《解放了的董吉诃德》俄文原本请瞿秋白翻译，在《北斗》杂志上连载。本来鲁迅已经根据日文翻译了这个剧本的第一场，并已经用"隋洛文"的笔名在《北斗》第三期登出。瞿秋白退出政治旋涡回到文艺战线后，鲁迅认为最好是请他依原文从头翻译，继续在《北斗》连载，并拟再出单行本。瞿秋白也欣然答应，在《北斗》第四期就登了剧本第二场的译文（笔名为易嘉），还用编者名义附了一点声明说："找到了一本新的版本，比洛文先生原来译的那一本有些不同，和原本俄文完全吻合，所以由易嘉从头新译起。"

这个时候，瞿秋白和鲁迅虽然还没见面，也没有多少通信，来往的只是事务性的条子，许多事情都是冯雪峰在口头替他们互相传达和商量的，但他们俩的友谊已经很深了。鲁迅在1931年10月初写的《〈铁流〉编校后记》里说："在现状之下，很不容易出一本较好的书，这书虽然仅仅是一种翻译小说，但却是尽三人的微力而成——译的译，补的补，校的校，而又没有一个是存着借此来自己消闲，或乘机哄骗读者的意思的。"这里的"译的"是指《铁流》译者曹靖华，"补的"是指瞿秋白，"校的"是指鲁迅自己。从这可见鲁迅已经把瞿秋白看作自己多年的老朋友了。

在心灵的深处，朋友间相互祝福、相互帮助，友谊时时刻刻温暖着我们的心田。真情诚可贵，友情价更高。有了这份情谊滋润着我们，我们的道路肯定会畅通无阻。

第五章　感恩对手

假如你是一把短刀，对手就像一块磨刀石，能让你在与之抗衡的疼痛中变得锋利。奋斗途中，不要抱怨你的对手；成功来临时，不要忘记感谢你的对手。因为对手不是敌人，而是你人生路上的好朋友，正是因为有了对手，你才变得更加强大。

1. 庆幸人生遇到好对手

一个真正的对手比一个真正的朋友更难寻。因此，在善待你的朋友的同时，请珍惜你的对手。是的，一个真正的朋友能抚慰你的心灵，但一个真正的对手更可能让你成就人生的辉煌。在刀光剑影中，你的意志将得到磨炼；在你追我赶中，你的潜能将得到激发；在和对手的较量中，你的思想将得到升华。对手之于人生犹如水之于船，水涨才能船高。

他开小吃店已经三年了，生意说得过去，扣除房租、日常消费以及工资，还是有一些利润的。他很知足。在这条街上，只有他一家小吃店，这为他的生存奠定了基础，也就是说小吃店受到竞争、排挤和被迫关门的风险减轻了许多。

也就是两个月前，发生了一件事情：这条街上的童装店不做买卖了，紧接着开始转租，一天，装修工人开始施工了。这家竟然也是小吃店，和他的小店一模一样，做家常便饭，只不过人家的店面更干净漂亮。他所担心的危机终于来到了，站在马路上，他不时地遥望对方，人家的食客满堂，他的心态极度不平衡。可最终，他还是控制了自己。

慢慢地他有所转变了，他开始分析彼此的优势：对方的店地理位置好，条件也好，这已是既定事实；而自己的优势在于有一批老顾客，并且积累了一定的经验。他对店内的布局进行了调整，对一些物品进行了更换，这样也令人耳目一新了；他又招聘了一位厨师，推出了新的菜谱。

最后，也是最关键的一点，他决定开始经营早餐了，这又带来了新的客源。就这样，他的经营理念逐渐发展为“你无我有，你有我优”，果然取得了成效。早晨他的店一枝独秀，中午和晚上，对方的店人很多，而他的店也不含糊。一个月下来，店里的赢利竟是以前的三倍，创开店新高。他开始庆幸有这么个对手了，正是他的出现，才刺激了他那有些疲惫的神经，结果创造了新的辉煌。

在众多武侠小说中，主人公从一“菜鸟”成为大侠，往往是因为对手的不断逼迫。只有当你被追逐的时候才最迅速。正是因为有了约翰逊等超级对手的存在，刘翔才发挥出巨大的潜能，创造出优异的成绩。正是有了对手的追赶、逼迫，我们才永不懈怠，奋勇前进。没有这些对手，我们可能安于现状，贪图安逸，渐渐失去前进的动力。而有了对手，我们就会有一种压力，时刻保持警觉，树立起忧患意识，激发旺盛的斗志，从而发掘潜能创造佳绩。因此，在你的成绩里，有对手的一份功劳。面对对手，要心存感恩，庆幸自己找到了对手，同时也找到了不懈努力的动力。

环境新闻工作者胡先生在《鹿和狼的故事》中举了这样一个例子。

20 世纪初，美国总统西奥多·罗斯福想让凯巴伯森林的鹿（当时大约只有 4000 只）得到有效保护，繁殖得更多一些，于是宣布将此地划为全国狩猎保护区，并决定由政府雇猎人消灭狼群。25 年过去了，狼和豹子等“凶残”的动物所剩无几。鹿当然大量繁殖，很快超过 10 万只，森林中一切能被鹿吃的食物都难逃厄运，生态遭到严重破坏，鹿则面临饥饿和疾病，没过多少年，整个凯巴伯森林中只剩下不到 8000 只病鹿苟延残喘。

胡先生说：“自然界中的各种生物相互制约、相互联系，共同维持着生态平衡，我们不能一厢情愿地改变它。”我们由此及彼地产生联想，就不难看出，动物如此，人类亦然。人，是在与对手的竞争中进步的。

据说非洲大草原奥兰治河东岸的羚羊的繁殖能力和奔跑速度都远远超过了西岸的羚羊。后来，动物学家们实地考察研究，发现东岸的羚羊之所以强健，是因为它们附近生活着一个狼群。西岸羚羊弱小是因为缺少天敌。

没有对手的人生是一种缺憾。金庸塑造的独孤求败大侠无疑是寂寞的，他一生苦苦只求一败，像苏东坡说的“高处不胜寒”。其实，没有对手的英雄也是一种悲哀。瀑布选择深潭作为对手，才创造出“飞流直下三千尺，疑是银河落九天”的美丽壮观；月牙泉选择鸣沙山作为对手，才创造出“沙夹风而飞响，泉映月而无尘”的沙漠奇迹。海阔凭鱼跃，天高任鸟飞，不要担心对手会掩盖你的光芒，相反，我们会因对手的存在而大放异彩。

我们应该感到庆幸，庆幸对手曾经让我们跌了一大跤。因为成功不仅来自自身的努力，也来自对手的激励；若没有重重跌倒过，就不会想要风风光光地再站起来。跟逆境干杯，向对手致敬，成功往往就诞生在这样的时刻。

2. 学会微笑，对手也是伙伴

相传，挪威人从深海捕捞的沙丁鱼很难活着上岸。后来有一位老渔民在鱼槽里放进了鲶鱼。在鲶鱼的追逐下，沙丁鱼拼命游动，激发了活力，反而活了下来。这就是著名的“鲶鱼效应”的由来。

刘先生的死对头、大学时代的室友近日空降到公司担任总经理，成为他的上司。刘先生在大学期间，一直和这位室友较劲，小到一场演讲比赛，大到竞选学生会主席，都要争个高下，由于实力相当，棋逢对手，两人一直争到大学毕业，几乎成为仇人。毕业后，刘先生找到比室友更好的工作，自感出了一口恶气，也就渐渐地将室友淡忘了。在没有竞争对手的情况下，刘先生渐渐地对自己有所放松，而室友却勤奋工作，在行业里日渐出名。刘先生说：“刚刚毕业那会儿，我不屑于把他当对手，可这几年下来，估计现在他不屑于把我当对手了，不知道这位老同学会不会给我小鞋穿。”同事对刘先生说：“你不要担心，因为真正的对手是不会公报私仇的，相反，你应当为现在又有了新的竞争对手，可以重新焕发斗志而庆幸，当然，作为同事，该合作的时候要合作。”

不论你是处在商场还是处在职场，总会有一些鲶鱼式的人搅得你寝食不安。可是，他们也使你斗志昂扬，使出全身的力气来迎接挑战。若干年以后，当你感到自己已经有所进步的时候，你会发现，给你最大动力的不是你的朋友，恰恰有可能是你的竞争对手。如果没有对手，你可能会放松自己，这样你的才华就会慢慢被自己的惰性与安逸消磨掉。看一个人的身价，先看他的对手。一个追求卓越的人，常常把最优秀的人作为比较对象，用与他人的差距来激励自己，从而提升事业发展的动力。即使你永远都不能打败你的对手，也不要沮丧。至少，由于对手的存在，你变得越来越强大。从这个意义上来说，竞争对手是你的另一种合作伙伴，只是他给你的不是直接的帮助，而是间接的促进。

一家投资公司的首席执行官莱德斯通先生说，拥有对手会使我们感到幸福和年轻，竞争对手不是我们的敌人，他们在我们周围只是给我们带来灵感并促使我们把工作做得更出色。联邦快递总裁的办公室里也挂着一句话：“联邦快递，宅急送离你还有多远?”

要发自内心地感谢对手。如果这个对手曾经使你沮丧不堪，做出过很多令人不齿的行为，是你恨之入骨的仇人，多年以后，当你再次见到他时，你心里肯定对他不屑一顾，甚至还会想要当面羞辱他一番。不过，你最好不要这样做，因为辱骂不是战斗。在一些武打片中总会安排两个功夫绝顶的英雄，双方由于立场和利益不同，拼得你死我活，但是真的在生死关头，却又不忍心下手，因为他们害怕没有对手之后，自己的心里会变得空落落的。所以，见到对手时应微笑着向他打招呼，并在心里感谢他，因为他让你更加坚强。21 世纪是竞争与合作共存的年代，人与人之间更多的是在合作中竞争，竞争中合作，要学会宽容。谈判桌上，互不相让，谈判桌下，一起喝茶，给对方一个祝福，期待双方明天都有更大进步，这是我们对待竞争对手应有的心态。上天总是把等重的人放在天平两边。所以，我们既不能藐视对手，也不能轻视自己。因为，对手是和我们拥有同样生命重量的人。

在人生的旅途中，我们需要寻找真正的对手，一个和我们势均力敌、切磋共进的人，这样的人既是对手也是伙伴。我们呼唤这样的对手，也珍惜这样的对手。在漫长的人生道路上，我们需要找到一个和自己有着共同追求和相同理念的对手。须知对手并不等同于敌人，他也可以成为我们的伙伴。

我们因有共同的理念而相识，又因为有相同的目标而竞争。如果你的对手品质低下，行为让人不齿，你也不必辱骂他，要把他当成一面镜子，时时警示自己，学会宽容，学会微笑，因为这样的对手只会让我们做得更好。

3. 让我们在感谢对手中强大

真正认识你的人，除了你的朋友外，还有你的对手。所以，要重视你的对手，因为他最早发现你的过失；要感谢你的对手，因为他使你强大起来。

对手对于我们每个人来说，永远都是与我们对立的，好像他们是我们前进路上的绊脚石，是我们赛车路上的弯道，是我们到达胜利彼岸的暗礁，是我们翱翔天空的恶劣天气。因此，大多数人用敌视的态度对待对手，没有好脾气，这只能说明自己的浮躁与狭隘。

对手给我们压力，也给我们动力，而且往往是对手给我们的压力越大，由此而激发出的动力就越强。对手之间是一种对立，也是一种统一，相互排斥又相互依存，相互压制又相互刺激。尤其是在竞技场上，没有了对手，也就没有了活力。人都渴望成功，但是成功并不是一朝一夕的，它需要勇于探索的精神，需要坚定不移的决心，需要创新的思维，需要敏锐的判断力、观察力，需要有远见，而不是只顾眼前，只看到眼前的一点微利。是的，不管是学习、工作还是生活，谁都可能遇到对手，谁都盼望超过对手。但无论成功还是失败，都不要忘了感谢你的对手，因为是他和你一起追逐，一起攀登，一起较量，一起腾飞。

一位成功人士说："同我们角斗的对手强健了我们的筋骨，磨炼了我们的技巧，我们的对手就是我们的帮手。"正是有了强劲的对手，生活才不会显得平淡无奇；正是有了对手，生活才充满挑战性；正是有了强大的对手，我们才变得更强大。对手就像一面明镜，能够照出自己，看到对手，我们就会反观自己是不堪一击还是坚不可摧。

"狭路相逢勇者胜"，碰到对手只有认真对待，不断改进自我，迎难而上，才会把自己的潜力发挥到极致。

要勇于面对对手，不能埋怨也不能逃避，更不要伺机报复。如果埋怨对手，就只能在喟叹中丧失斗志，永远不会有精彩的人生；如果躲避对手，就失去了一次取胜的机会，永远没有翻盘的本钱；如果伺机报复对手，显示出来的只能是自己的狭隘与无能，为世人所不齿。

自然界也一样：在草原上，牧民驯养的羊经常被狼吃掉。牧民就想尽办法，绞尽脑汁把草原上的狼除掉，原以为可以安心地过日子，可是羊群却变得羸弱不堪。相反，一些野生羚羊或鹿为了逃难，长期奔跑，拥有了强健的身体。显然，有无对手带来的结果是截然不同的。人为干扰反而会破坏自然规律，我们同样得不到想要的结果。

感谢对手，对手让我们更成熟，明白自己要做什么，不只是做事，更知道了怎么去做人。感谢对手，对手让我们学会了思考，更加清楚地认识自己的优点和不足，认识身边的每个朋友。感谢对手，对手让我们明白了强者为王，从而更加勤奋，更加努力地生活，成功是我们追求的目标。

对手是导师，教会你做生意的诀窍。当竞争对手殚精竭虑地思考着如何赢得顾客时，你便知道自己该怎么做了。对手是助推器，迫使你进步。竞争对手每天都在思考如何战胜你，你不想被打败，就必须不断进步。对手是镜子，毫不留情地指出并利用你的缺点加以进攻，这就帮助你改正缺点，完善自我。对手是警钟，时时刻刻提醒你：无论你取得多大的进步，都绝不能自满。

感谢对手是一种度量，让自己更加自信；感谢对手是一种洒脱，肯定对方，同时也显示出自己的高贵；感谢对手是一道风景，让人生充满挑战。感谢对手成就的是自己，感谢对手展现的是魅力，感谢对手其实就是一种成熟。人们都是在感谢对手中成长，在感谢对手中强大的。

4. 感恩对手，与对手一起进步

鲨鱼是几乎没有进化的极个别物种之一。几千万年来，沧桑巨变，物是人非，鲨鱼却始终保持着它“创世”之初的形象。这里面唯一的原因就是鲨鱼没有竞争对手，它位于大海中食物链金字塔的顶端。因此，它用不着费心去应付“适者生存”的环境，小心翼翼地改进自己的功能。而在澳洲，羊群由于生活安逸，没有天敌，长期萎靡不振，后来澳洲人从外地引入了狼群。狼的出现给羊群带来了生存危机，这反而促进了羊群健康发展。有了对手，我们才会一起进步。在学习中，在工作中，遇到困难是必然的，困难就是我们的对手。真正让你成功的，也许就是与你竞争的对手。寻找对手，展开竞争，取得进步，再找对手，再竞争，再进步，正是这样不断循环往复，我们才从一个进步走向另一个进步。

生活中出现竞争对手，让你经历挫折磨难，这并不是坏事，因为有时正是由于对手才让你不断进步，最终走向成功。

1996 年世界爱鸟日这一天，芬兰维多利亚国家公园应广大市民的要求，放飞了一只在笼子里关了四年的秃鹰。三天后，当那些爱鸟者们还在为自己的善举高兴不已时，一位游客在距公园不远处的一片小树林里发现了这只秃鹰的尸体。解剖后发现，这只秃鹰死于饥饿。

秃鹰本来是一种十分凶悍的鸟，甚至可与美洲豹争食。然而它由于在笼子里关得太久，远离天敌，结果丧失了生存的能力。

生活中有各种各样的笼子，不少人的处境和那只笼子里的秃鹰差不了多少。虽然笼子能让人暂时乐而忘忧，流连忘返，但它毕竟是笼子。可以设想，这些人最后的结局会和那只秃鹰没有什么两样。

生活中出现几个竞争对手、一些压力或一些磨难，并不是坏事。一份研究资料表明，一年中不患一次感冒的人，得癌症的概率是经常患感冒者的 6 倍。至于成语“蚌病成珠”则更说明问题，一粒沙子嵌入蚌的体内后，蚌将分泌出一种物质来疗伤，时间长了，便会形成一颗晶莹的珍珠。

海湾战争之后，美国军方提出了战争状态下士兵的生存能力比作战能力更为重要的全新理念。于是一种被称为“艾布拉姆斯”的 M1A2 型坦克开始陆续装备美国陆军，这种坦克的防护装甲十分坚固，它可以承受时速超过

4500千米、单位破坏力超过1.35万千克的打击力量，而这种力量被美国武器专家形容为“可以轻易地将一只球棒送上月球”。那么，M1A2型坦克这种品质优异的防护装甲是如何研制出来的呢？

乔治·巴顿中校是美国陆军优秀的坦克防护装甲专家之一，他接受研制M1A2型坦克装甲的任务后，立即找来了一位老“冤家”做搭档——毕业于麻省理工学院的著名破坏力专家迈克·马茨工程师。两人各带一个研究小组开始工作，不同的是，巴顿带的是研制小组，负责研制防护装甲；迈克·马茨带的则是破坏小组，专门负责摧毁巴顿已研制出来的防护装甲。

刚开始的时候，马茨总是能轻而易举地将巴顿研制的新型装甲炸个稀巴烂，但随着时间推移，巴顿一次次地更换材料、修改设计方案，终于有一天，马茨使尽浑身解数也未能奏效。于是，世界上最坚固的坦克在这种近乎疯狂的“破坏”与“反破坏”试验中诞生了，巴顿与马茨这两个技术上的“冤家”也因此而同时荣获了紫心勋章。

巴顿中校事后说：“事实上，问题是不可怕的，可怕的是不知道问题出在哪里，于是我们英明地决定请马茨做欢喜冤家，尽可能地激发他帮我们找到问题，从而更好地解决问题，这方面他真是很棒，帮了我们大忙。”

因为有“冤家”做搭档，乔治·巴顿中校研制出了十分坚固的坦克防护装甲。读了这个事例，我们就会明白对手的作用：他们特别关注我们的缺点和错误。其实，这对我们来说不是坏事。因为有对手，我们的耳边就会时时有批评声，从而使我们知道自己还有不足，还有问题，还有不尽如人意之处，便不会盲目乐观，不会满足于现状。而对手的批评就像皮鞭一样，一次次抽打在我们身上，鞭策我们加倍努力，拼命向前，继而创造出非凡的业绩。相反，那些愿意听好话、愿意听赞歌、过度追求喝彩的人，往往会害了自己。巴顿的这一段经验之谈是放之四海而皆准的——不管是干大事业，还是做小事情，找个优秀的对手，与之较量，在较量中一同成长进步，一定会取得意想不到的绝佳效果，与对手一起进步实在是明智之举。

5. 学会感恩，让对手成为朋友

一位牧场主养了许多羊。他的邻居是个猎户，院子里养了一群凶猛的猎狗。这些猎狗经常跳过栅栏，袭击牧场里的小羊羔。牧场主几次请猎户把狗关好，但猎户只是口头上答应，没过几天，他家的猎狗又跳进牧场横冲直撞，咬伤了好几只小羊。

忍无可忍的牧场主找镇上的法官评理。听了他的控诉，法官说："我可以处罚那个猎户，也可以发布法令让他把狗锁起来。但这样一来你就失去了一个朋友，多了一个敌人。你是愿意和敌人做邻居，还是和朋友做邻居呢?""当然是和朋友做邻居。"牧场主说。"那好，我给你出个主意，按我说的去做，不但可以保证你的羊群不再受骚扰，还会为你赢得一个友好的邻居。"法官如此这般交代一番，牧场主连连称是。

一到家，牧场主就按法官说的挑选了三只最可爱的小羊羔，送给猎户的三个儿子。看到洁白温顺的小羊，孩子们如获至宝，每天放学都要在院子里和小羊羔玩耍嬉戏。因为怕猎狗伤害到儿子们的小羊，猎户做了个大铁笼，把狗结结实实地锁了起来。从此，牧场主的羊群再也没有受到骚扰。

为了答谢牧场主的好意，猎户开始送各种野味给他，牧场主也不时用羊肉和奶酪回赠猎户，渐渐地两人成了好朋友。

俗话说"商场如战场"。但21世纪的今天，现代商人用他们的智慧为这句古语作出全新的诠释：将对手变成朋友。

美国著名的RealNetworks（一款播放器）公司曾经向美国联邦法院提起诉讼，指控比尔·盖茨的微软公司违反了反垄断法，并要求其赔偿10亿美元。但是，在官司还没有结束的情况下，RealNetworks公司的首席执行官格拉塞却致电比尔·盖茨，希望能得到微软的技术支持，以使自己公司的音乐文件能够在网络和便携设备上顺畅地播放。几乎所有人都认为比尔·盖茨一定会毫不犹豫地拒绝他的请求，但出人意料的是，比尔·盖茨对他的提议非常感兴趣，他通过微软的发言人表示，如果对方真的想要整合软件的话，他将很有兴趣。

大家都知道，微软和苹果两大公司自20世纪80年代起就一直处于势不两立的敌对状态，乔布斯和比尔·盖茨为争夺个人计算机这一新兴市场的控制权展开了极其激烈的竞争。到了20世纪90年代中期，微软公司明显占据了领先优势，已经占领了约90%的市场份额，而苹果公司则举步维艰。但让所有人大跌眼镜的是，1997年，微软向苹果公司投资1.5亿美元，把苹果公司从倒闭的边缘拉了回来。2000年，微软为苹果推出Office 2001（一款办公软件）。自此，微软与苹果真正实现了双赢。

面对对手的时候，一定要做到不屈不挠，咬紧牙关，勇敢面对，绝不退缩——这似乎是共识。但明智的比尔·盖茨选择了另一种方式：站到对手的身边，把对手变成自己的朋友。

这两件常人觉得不可理解的事都发生在比尔·盖茨身上，这绝对不仅仅是一个巧合。比尔·盖茨的成功有很多因素，其中包括他对商机的把握和他天才的设计能力，但还包括他面对对手的态度。

当你决定不惜一切代价打败对手的时候，对手也想着用各种办法来打败你。他既然能成为你的对手，就一定跟你实力相当。退一步来说，就算你历尽艰辛终于将他打败，可是谁能保证某天他不会东山再起？到时候你又要耗费精神，积极备战。

因此，对于这种情况，最好的办法不是打败对手，而是像比尔·盖茨那样，借施恩之势友好地站到对手的身边去，把他变成自己的朋友，实现双赢。

商业史上还发生过这样一件让人津津乐道的事。

在西方许多家庭的餐桌上，人们习惯同时摆上美国“水晶杯”公司和“细瓷”公司生产的水晶玻璃高脚杯和细瓷餐具，这两种餐具都是高档的名牌餐具。过去，这两家公司因为是竞争对手，关系一直非常不好。可后来两家公司经过协商，决定联合推销。“水晶杯”公司利用细瓷餐具在日本市场的信誉，通过联合销售，将其产品打入日本，而“细瓷”公司则利用“水晶杯”50%的产品行销美国的优势，使细瓷餐具占领了美国家庭与饭店的餐桌。结果，联合推销使两家公司的销售额均大幅提高。

这不禁让人联想到一个关于约翰·列侬的故事。

1957年，约翰·列侬还是一个默默无闻的普通人。他在一次小型演出中认识了年仅15岁的保罗·麦卡特尼。演出结束后，保罗批评约翰唱得不对，吉他也弹得不好，对此，约翰十分不服气。于是，保罗用左手轻松地弹了一曲吉他，向约翰展示了他的才华，而且他能一字不错地记住所有的歌词，这让约翰大为惊讶。约翰想，与其让这小子成为自己将来的对手，还不如现在就邀他入团。就在这天，20世纪极成功的音乐搭档诞生了。约翰和保罗携手合作，组建了“甲壳虫”乐队。这支乐队后来风靡全球，成为迄今为止历史上影响最为深远的乐队。

在这件事上，列侬比比尔·盖茨更有远见：在对手还未成为敌人之前，快步上前，站到他的身边，把他变成自己的朋友。

第六章　感恩祖国

祖国是我们的根，是我们的源。没有祖国，就没有我们安身立命的小家；没有祖国，就没有今日和谐而富强的社会；没有祖国，我们的尊严和发展就无法保证。我们的祖国是古老而充满活力的，它有 5000 年的积淀，在这个焕发活力的大家庭中，我们看到了我们的未来、祖国的未来、世界的未来。我们应该感谢我们的祖国，感谢它承受了风风雨雨、千疮百孔以后仍然能够坚强地站起来，承载我们的梦想，一次次创造奇迹！

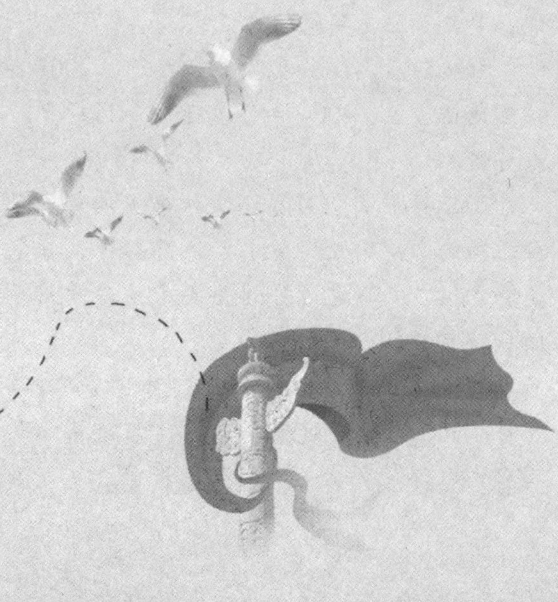

1. 把祖国的荣耀放在心上

感恩祖国，就会时刻把祖国的荣耀放在心上。丁俊晖，亚洲台球选手，被英国媒体称作“东方之星”，性格内向但好胜心强，面容沉稳，很少表现出剧烈的情感波动。然而正是如此沉稳的他，却做了一件让全中国人民都感动的事情，他主动放弃了眼看到手的在英国举行的世界最高级别的台球比赛半决赛的奖金1.5万英镑，毅然回国，参加一个亚洲比赛。许许多多的人都觉得不理解，而这是因为丁俊晖心里有一份对祖国的责任。

对祖国的高度责任感，不仅让丁俊晖赢得了好的口碑，而且也让他的战绩一次比一次优秀，在2010年斯诺克中国公开赛上，丁俊晖9杆破百的恐怖火力令人叹服，同时他本赛季破百数量超过奥沙利文，位居世界第二，临时排名跻身前5名，单季积分回到世界第一。

而同样的事情也发生在篮球运动员王治郅的身上，他当初没有想到对祖国的那份责任，时隔多年才走出心理阴影，而国家队也宽容地接纳了他。

2002年的那个夏天，王治郅当时仅仅考虑到留在美国参加NBA（美国男子职业篮球联赛）季前赛的重要性，认为不参加季前赛，就不能给各队留下好的印象，就很难在球队中有一个相对较好的位置，而回国参加亚洲比赛，就会失去和许许多多高手过招的机会，如果自己在美国练好了本领，也是对祖国的贡献，正是由于他摆错了位置，没有首先想到对祖国的义不容辞的责任，导致了他几年间状态低迷。

自此以后，许多人做了努力，但2002年的世锦赛他错过了，2003年的亚锦赛他错过了，2004年的奥运会他错过了，2005年的亚锦赛他也错过了，实在可惜。

2005年5月，外界再次传来王治郅回国的消息。王治郅训练后听到新华社驻美记者梁希仪的留言，他得知中国女篮将在第二天比赛后离开美国，于是决定第二天打电话给到圣安东尼奥采访中国女篮的梁希仪，通过他联系中国篮协官员。

这是自2002年被“开除”出国家队以后，王治郅第一次选择与中国篮协官员主动交流，通过新华社驻美记者梁希仪的手机，王治郅与中国男篮领队匡鲁彬取得联系。王治郅在电话里表达了自己希望为国效力的愿望，也希望回家看看，但是，他也表示“对回去后能不能再出来到NBA打球，还是有些担忧”。5月18日，王治郅已经主动联系了张斌，双方在电话中谈得很不错。6月24日，张斌和王治郅电话密谈，传闻他将在“十运会”之前赶回来，帮助八一队打“十运会”和2005—2006赛季的CBA联赛。7月3日，王治郅和热火队的合同结束，但他似乎并不急于马上找新球队，也不准备参加夏季联赛，而是打算趁NBA联赛结束休息和放松一下。7月25日，国际篮联主席程万琦认为，如果王治郅能够回到国家队，这将对中国2008年北京奥运会男篮比赛有很大帮助。

2006年国家体育总局在奥运备战会议中，要求各中心领导做好过去一些所谓“问题运动员”的工作，让他们重返中国奥运大军。2月15日，篮管中心主任李元伟赴美观摩美国NBA全明星赛，并在洛杉矶与王治郅见面，就他重返国家队一事进行商讨，希望他能早日回国参加世锦赛和亚运会。4月9日，王治郅在匡鲁彬的陪同下，从洛杉矶乘机返回北京。王治郅在2006年CBA联赛中表现出色，带领八一队与三届冠军广东队在决赛中相遇，并取得了冠军，同时在没有姚明的情况下，带领中国男篮取得了亚运会不败的战绩并再次获得亚洲冠军。

王治郅终于回到了国家队，这个时候，他的心灵也得到了平静，这也使他能更好地应对比赛，取得了不错的成绩。

把对祖国的责任当成是自己的责任，不仅仅是祖国的需要，也是个人的需要。一个人如果没有这么伟大的追求，就会缺乏斗志，精神萎靡，就很难战胜困难。我们每个人都要有一份热爱祖国的心。

2. 祖国在他心中

滔滔的长江，滚滚的黄河，连绵不断的山脉，都属于我们伟大的祖国。祖国的山川雄奇，祖国的河水秀丽，祖国的胸怀无比广阔。

沿着黄河与长江的源头漂流而下，过壶口，走三峡，奔大海。在河西走廊、华北平原，有着祖国的富饶与辽阔，有着祖国千里马般的日新月异；在长江三角洲、珠江三角洲，有着祖国的崇高与巍峨，祖国繁荣的霓虹灯日夜闪烁，灿若银河。

再翻开五千年的历史，中华民族的象征——长城，它记载了多少沧桑，又表现得如此顽强，那是一种标志，更是一种力量，一种精神，一种向往！长江——那是祖国的脉搏，奔腾着永不枯竭的浪花，挥洒着生生不息的情愫。黄河——那是祖国的血液，奔腾着、奔腾着，无坚不摧，昂首向前，何等的自信和骄傲。五岳——那是祖国的手掌，指着苍凉的天，擢着悲怆的地，怒斥着丑陋的奸佞。

航天英雄杨利伟，就是用一颗赤子之心，向祖国证明了：他的心中时时刻刻都装着国家。

1965年6月21日，杨利伟出生在辽宁省绥中县一个书香门第。“踏踏实实办事，老老实实做人”，这是杨利伟父母对他的要求。儿时的杨利伟脑子灵，反应快，小学毕业时，他以优异的成绩考进县重点中学尖子班，并多次参加全县中学生的数学竞赛，拿过不少奖。

1983年夏季，18岁的杨利伟考进中国人民解放军空军第八飞行学院。在4年的学院生活中，他的学习训练成绩一直很优秀。

1987年，杨利伟从飞行学院毕业，成为空军某师一名飞行员。天生聪慧加上勤奋努力，杨利伟不久便成了师里的飞行尖子，后来他又成为一名优秀的歼击机飞行员。

1992年夏，杨利伟所在部队来到新疆某机场执行训练任务。那天，他驾驶着战鹰在吐鲁番上空超低空飞行。突然，飞机发出一声巨响，霎时间仪表显示涡轮温度骤然升高，发动机转速急剧下降。杨利伟明白，自己碰上了严重的“空中停车”故障，飞机一个发动机不工作了！紧急关头，杨利伟异常冷静：为了祖国少点损失，我一定要把飞机开回去。

正是这种信念支撑着他，他稳稳地握住操纵杆，慢慢地收油门，驾驶着只剩一个发动机的战机一点点往上爬升、再爬升。500米、1000米、1500米，飞机越过天山山脉，向着机场飞去。快接近跑道时，剩下的一个发动机也不工作了。他果断采取应急放起落架的措施，顺利地将完全失去动力的战机紧急降落在跑道上。当他从机舱出来时，他的飞行服已经全部被汗水浸透。战友们纷纷围上来同他拥抱。

杨利伟表示，任何事情都不能影响他爱祖国的心。2001年7月，他的妻子张玉梅因病住进医院，需要做手术。张玉梅说：“当我被推进手术室的一刹那，看到杨利伟对我那种从未有过的万般牵挂和怜爱歉疚的眼神时，我心如刀绞啊！”手术后，张玉梅身体十分虚弱，24小时平躺在床上一点都不敢动。可是，手术后第三天，杨利伟就要告别妻子去吉林某空军基地，进行航空员高空飞行训练。临行前一天，他在妻子病床边的椅子上整整坐了一晚上，然后义无反顾地回到了航天员大队。这次高空飞行训练，杨利伟完成得干净利落，再次取得优异的成绩。

杨利伟出征前在酒泉卫星发射中心记者见面会上，回答了记者的这个问题："通过军报，最想对三军战友说些什么？"杨利伟答："作为一名航天员，我首先是一名共和国的军人；作为一名军人，通过这么多年军队对我的培养和教育，我想，在执行这次任务中，一定能够发扬人民军队的光荣传统和大无畏的革命精神，服从命令，听从指挥，战胜一切困难，坚决完成任务。我也想通过军报感谢全军战友对我们的鼓励、关心和厚爱，也请战友放心，我一定不辜负你们的期望，为我们的军旗增光添彩！"

载着梦想，怀揣着为祖国荣誉而战信念的杨利伟，信心满怀地登上中国自行设计制造的载人飞船飞向天空。2003 年 10 月 15 日 9 时整，中华民族几千年的飞天梦终于成真，中国成为继俄、美之后第三个将航天员送上太空的航天大国。

在这伟大的时刻，祖国不仅仅在他的心中，还在我们每个人的心中，我们为祖国取得的优异成绩而感到无比骄傲和自豪。

3. 心怀一颗强国心

1911 年的一天，奉天（今沈阳市）东关模范学校一间教室的讲台前，魏校长问道："你们说说看，为什么要上学读书啊？"

有的同学说："家里穷，上了学将来能过好日子。"有的同学说："为明理而读读书。"

这时，只见一位浓眉大眼、脸庞红润的学生，站起来说："为中华之崛起而读书！"魏校长先是没听清楚，又问了一遍，只见这位学生不慌不忙地说："为中华之崛起而读书！"这位学生就是我们伟大的周恩来总理。

周恩来总理为了新中国的强国之路，鞠躬尽瘁，死而后已，甚至在他生病的时候，他都没有忘记国富才能民强，有这样的好总理，国家怎么能不富强？

科技才能兴邦，国家的经济建设除了工农业的发展还要有科技的发展，这样才能成就真正强大的国家。青年科学家胡可心，为了祖国的强大，坚持到了生命最后一秒钟。

共产党员胡可心是中国科学院声学研究所研究员、博士生导师、数字与系统集成技术部代理主任。他患病期间，与病魔进行了殊死抗争，目标是争取再活三年的时间，协助导师完成当时国家信息领域十分关键核心的技术——“面向功能可重组结构的 DSP&CPU 芯片及其软件系统的基础研究”，为中华民族的伟大复兴装上一颗中国“芯”。

2001 年身患肝癌的胡可心，手术醒来后，他想的第一件事就是工作，不能说话就写，能说话就躺在病床上安排工作，解答学生提出的问题。

弥留之际，38 岁的胡可心眼睛顽强地睁着，双唇微微颤抖，他仿佛仍然重复着最大的愿望：“再给我 3 年！”

胡可心走了，但他留给我们的是一支响彻星空的知识创新工程的生命进行曲。他用燃烧着的青春生命，给我们作出对大胆创新、意志如钢的新注解。

目前，要想实现中华民族的伟大复兴，每个公民不仅要有一颗强国之心，还需要付出实际行动。

4. 从小事做起，为国为民

霍英东先生是我国著名爱国人士、实业家，他对中国体育的贡献是卓越非凡的。2006 年 10 月 28 日，霍英东先生沉沉地闭上了自己的眼睛，这位一生都热心为国的慈祥老者，为自己传奇而又光辉灿烂的一生，画上了一个完整的句号。

霍英东先生说过：“我出身贫寒，少年时因过早为生计奔波而营养不良，尝够了体弱多病之苦。懂事后见国家贫弱，人民多难，更深感如果不摘掉‘东亚病夫’的帽子，民族难兴国家无望。”为此，霍英东一直把体育运动视为振兴中华的重要标志和手段。

霍英东酷爱体育，体育是他生命中极为重要的一部分。他也几乎见证了当代体育事业发展的每一个重要阶段的重要事件。

霍英东先生积极地帮助中国体育重返国际体坛，在 20 世纪 50 年代，因为帝国主义势力试图制造“两个中国”，我国退出了几乎所有的国际体育组织，自从我国成功恢复在联合国的合法席位后，中国体育重返国际体坛的号角也开始吹响。霍英东积极充当“中国体育大使”的角色，在国际体坛展开斡旋，先后帮助中国重新加入国际足联、国际自行车协会、国际篮联等国际体育组织，为中国体育“冲出亚洲、走向世界”创造了条件。

关于自己对中国体育事业的贡献，霍英东从来不愿多提。事实上，在20多年间，霍英东单为中国体育事业捐款就超过5亿港元。

从1984年洛杉矶奥运会开始，为奖励中国奥运健儿，霍英东出资1亿港元专门建立了“霍英东体育基金会”，奖励每届奥运会的中国金牌选手一枚重1000克的纯金金牌和8万美元，奥运银牌得主可获得重250克的金牌和4万美元，奥运铜牌得主可以获得重150克的金牌和2万美元。

20多年前，中国运动员收入有限，主要依靠国家的一些奖金，很多运动员退役后都纷纷出国淘金，甚至有许多原本可以继续为国效力的运动员也选择提前退役出国。霍先生拿出重金奖励体育健儿，是站得高、看得远的一种举动。实际上，这种奖励随着每届奥运会上中国选手成绩的提高一直在增加。2000年悉尼奥运会，“霍英东体育基金会”向中国运动员颁发了240万美元奖金，到了2004年雅典奥运会，“霍英东体育基金会”颁发了3259万港元，就连中国女排的替补球员也获得了50万港元的奖励。参加过1992年、1996年两届奥运会的邓亚萍表示，霍英东对运动员的奖励是所有社会团体和个人捐赠中金额最高的。霍英东先生用个人的力量帮助国家挽留了大量体育人才。

1984年，第8届亚洲足球锦标赛预赛在广州举行，参赛队员和大会的工作人员全部住在当时国内最豪华的白天鹅宾馆，几十万元的住宿费全部由霍英东一人支付。中国队终于顺利小组全胜出线，最后在亚洲杯决赛中夺得亚军，这是中国足球队在亚洲杯历史上的最好成绩。

在象棋界人士和棋迷当中，无人不知五羊杯象棋冠军赛。它以历史长、水平高、影响大而蜚声海内外，对象棋运动的发展起到了不可低估的作用。这项有20多年历史的棋赛的赞助者，原来也是霍英东。

1992年，中国体育健儿扬威巴塞罗那，霍英东对此极为高兴。在中国奥运代表团到香港访问时，霍英东专门设家宴招待全体运动员，鼓励他们继续为祖国争光。他做一切事情的出发点都是因为爱国，是真正希望中国能够强大起来。

中国举办奥运会是霍英东毕生的愿望之一。霍英东的长子、中国香港奥委会主席霍震霆说，北京奥运会已经是他们的一个“情结”，北京第一次申办奥运会时，父亲和他四处奔走，游说国际奥委会的执委们，当时他们为了取得非洲国家的支持，甚至还曾答应捐资建立一个体育基金会。在决战时刻，霍英东甚至亲赴蒙特卡罗助阵。然而，2000 年奥运会竞选失败的残酷现实，让霍英东先生多年的努力化为了泡影，也差点将其击垮。但是，坚强的霍英东先生又岂是在挫折面前会轻言放弃的人。

2001 年 7 月 13 日，北京终于申奥成功，当时身在莫斯科的霍震霆激动地流下了热泪。当萨马兰奇宣布北京申奥成功时，霍英东在中国香港的家中兴奋无比，他终于在有生之年看到自己为之付出无数心血和汗水的事业有了一个结果。

在中国，还有很多人为了祖国强大默默地做了很多让我们感动的事情，他们是幕后的英雄，很多时候，他们不愿意让国人知道他们的丰功伟绩，李连杰就是其中的一位。

在中国红十字会架构下独立运作的，由“博爱大使”李连杰发起的“李连杰壹基金计划”，于 2008 年在上海注册成功。

中国红十字会“李连杰壹基金计划”改变了以往发生灾难后再组织捐款进行救援的做法，加强防灾害的意识，平时积累资金，一旦灾难发生就可以快速反应，进行紧急救助。同时该计划关注青少年心理健康问题，这在当时国内的各类公益慈善项目中几乎是空白的。

中国红十字会“李连杰壹基金计划”提出 1 人 +1 元 + 每一个月 =1 个大家庭的概念，即每人每月捐一元，集合每个人的力量让小捐款变成大善款，随时帮助大家庭中需要帮助的人。

该计划募集到的所有捐款将直接汇入中国红十字会的“李连杰壹基金计划”账户。全部款项的使用由中国红十字会统一分配，用于各种自然灾害的紧急支援和救助、辅导青少年心理健康的“心灵阳光工程”以及符合红十字会规定的人道主义救援。

有这么多人为我国建设成社会主义强国而努力，我们还有什么可怕的？加油吧，坚强的中国人民！

5. 不忘历史，奋勇向前

梁启超曾说过：“少年富则国富；少年强则国强。”我们不会忘记，几十年前日寇对我国大举侵略，使多少人民处在水深火热之中，使中华民族蒙受了巨大的损失，使一个个英勇的生命消逝在黄沙战场，使无数大好河山在几年时间几乎全部沦丧，祖国的领土不能丢，我们也不会忘记历史，这引导着我们奋勇向前。

1931 年 9 月 18 日，日本发动了震惊国内外的“九一八事变”。“九一八事变”激起了全国人民的抗日怒潮。从此，中国人民走上了艰辛的抗战征程。

抗日战争长达 14 年之久，革命先辈以钢铁般的意志和无所畏惧的气概，以顽强不屈的精神和众志成城的力量取得了胜利。可是，中国人民也付出了惨痛的代价：赵一曼、杨靖宇、赵尚志等一大批优秀的中国共产党党员为此献出了生命。

是的，振兴中华的任务落在了我们这一代人的肩上，我们要奋发图强，勇于进取。如今，我们昂首屹立在世界的东方，努力迈入世界前列。

6. 祖国的明天更美好

1949 年 10 月 1 日，毛泽东主席在天安门城楼上庄严地向全世界宣布：“中华人民共和国中央人民政府今天成立了！”中国人民从此站起来了！

经过多年的建设，我国各行各业都有了长足发展和进步。

1994 年，我国开始建设三峡工程，2009 年，三峡水电站完工。

2003 年，我国首次成功发射载人飞船，成为世界上第三个有能力送航天员进太空的国家。

2005 年，我国第二次成功发射载人飞船进太空。

2008 年，神舟七号胜利返航，三位航天员满面笑容走出返回舱。神舟七号载人航天飞行任务圆满成功，实现了我国空间技术发展具有里程碑意义的重大跨越，是中国人民攀登世界科技高峰的又一伟大壮举，也是献给伟大祖国 59 岁华诞的珍贵礼物和诚挚祝福。

2008 年，北京奥运会和残奥会的成功举办，实现了中华民族的百年梦想。全世界不同肤色、不同语言的人民涌向这里，北京，沸腾了，当五星红旗高高飘扬，当国歌嘹亮奏响，当奥运会开幕式上那一幅幅栩栩如生的画卷轻轻舒展，展现给世界的，不仅是一个拥有 5000 多年文明的古国，更是一个强大的中国！

在奥运会上，中国运动员以出色的竞技水平和顽强的拼搏精神夺得金牌总数第一，创造了历史最好成绩。开闭幕式文艺表演、赛事组织工作、志愿者服务、场馆设施和中国人民的精神风貌，给世界留下深刻的印象，得到了国际社会的高度认可，更让中国收获了一笔丰厚的物质和精神财富。

北京奥运会使世界进一步了解中国，让中国进一步走向世界。北京奥运会和残奥会的成功举办，标志着中华民族以崭新的姿态屹立于世界的东方，中国人民正满怀豪情地走向更加光明灿烂的未来。

1985 年，我国在南极圈外成功建立了长城站。1989 年，我国在南极圈内建立了中山站。中山站虽然在南极圈内，但仍在海岸线上。2009 年，我国第三个南极考察站——昆仑站落成。

中国人民在面对国际金融危机带来的严峻挑战的时候，仍能继续保持经济平稳较快发展，各项社会事业稳步向前推进，全国各族人民团结奋斗、顽强拼搏，在改革开放和现代化建设的道路上迈出了新的步伐，取得了新的成就。

我们已经取得了伟大的成就，我们必将书写更加雄伟壮美的篇章。祝愿伟大的祖国繁荣富强，祝愿全国各族人民幸福安康！

第七章 感恩大自然

人类生活在大自然里，大自然给予人类的恩赐太多——纤巧秀丽的江南水乡；雄伟古朴的北国山川；众多的湖泊，漫长的海岸线……没有大自然，人类的生存会受到威胁；没有大自然，人类就不会有今日的文明。

然而，人类对大自然的感恩远不及自然对人类的贡献，而且人类的破坏行为给大自然造成了无法弥补的损失。唯有满怀感恩，才会自觉地保护、珍惜人类的家园，人类赖以生存的土地。

1. 地球，人类的母亲

地球经历了46亿年的岁月，地球上的生灵从低等的藻类生物进化到高等生命，人类从蛮荒的远古时代进入现代文明社会。地球是人类的母亲。可以这样说，没有地球，就没有人类的生存和发展。

我们得以延续生命，张扬精神，丰衣足食，休养生息，享受地球的物产与宝藏是与地球的慷慨与仁慈分不开的。地球上的四季轮回，草木枯荣，江河奔涌，日升日落，都昭示着地球母亲有着对人类及万物的世世代代不竭的生命力。面对地球，人类应该感恩，我们只有在感恩中自省，才能看到希望。

但是看看我们的地球母亲已经让我们摧残成什么样了？人们急功近利，无情地摧毁生养自己的土地，滥伐森林，盲目垦殖，过度地使用资源，满目疮痍。

（1）土壤遭到破坏。

据《参考消息》报道，110个国家和地区可耕地的肥沃程度在降低。在非洲、亚洲和拉丁美洲，由于森林植被消失、耕地过分开发和过度放牧，土壤剥蚀情况十分严重。裸露的土地变得很脆弱，无法长期抵御风雨的剥蚀。在有些地方，土壤的年流失量可达每公顷100吨。化肥和农药过多使用，因空气污染造成的有毒尘埃降落，危险废料被随意丢弃，所有这些都对土地造成了不可逆转的污染。

（2）大量物种灭绝。

人类疯狂掠夺地球资源，造成大量物种悄然消失。被誉为“地球之肺”、总面积达700万平方千米的亚马孙热带雨林，遭到规模空前的破坏，每天有8万公顷热带雨林被破坏。森林本是基因宝库，地球上约1亿个物种中的五分之一生长在这里。热带雨林的消亡导致每天至少一个物种消失。海洋的污染加上人类的酷渔滥捕，也使海洋物种大量消失。有专家预测，30年后，至少将有50万～80万种动植物灭绝。由于森林被破坏和非法狩猎活动，绝种的生物日益增多。森林大火也是造成生物灭绝的无可争辩的原因之一。科学家指出，从1600年至今，各种生物灭绝的速度加快了100倍。人类对特殊药品（如犀牛角、虎骨、熊胆等）的需求，让许多动物濒临灭绝。其他“受害者”，如白熊、海龟、非洲象等，都已列入濒危物种名单。虽然国家公园和野生动物保护区越来越多，但杀害野生动物的速度越来越快，强度越来越大。

（3）温室效应严重威胁着人类。

据2500名有代表性的专家预计，随着气温上升，海平面将升高，许多人口稠密的地区（如孟加拉国、中国沿海地带以及太平洋和印度洋的多数岛屿）都将被海水淹没。气温的升高也将给农业和生态系统带来严重影响。据预计，1990—2010年，亚洲和太平洋地区的能源消费将增加一倍，拉丁美洲的能源消费将增加50%～70%。因此，西方和发展中国家之间应加快能源节约技术的转让进程。我们应当采用经济手段，鼓励开发改进工业资源利用效率的技术。

人类对地球的破坏已经达到前所未有的惊人速度，千年生态系统评估项目结果显示，这将使自然界更加可能出现突变，导致疾病蔓延、森林遭到摧毁、海洋出现“死区”。看到这些惊人的现象，我们怎么能不担心？

拯救我们的地球母亲要从现在开始。为了响应这一号召，我们国家提倡低碳的生活方式。低碳是指较低（更低）的温室气体（以二氧化碳为主）排放。简单理解起来，低碳生活就是低能量、低消耗的生活方式。下面简单介绍几种低碳生活事例。

首先，冰箱的使用。冰箱内存放食物的量占冰箱总容量的80%为宜，放得过多或过少都费电。食品之间应有10毫米以上的空隙。用数个塑料盒盛水，在冷冻室制成冰后放入冷藏室，这样能延长停机时间、减少开机时间。

其次，家中客厅一次性水杯可循环使用。一次性水杯用完后，还可以在上面涂鸦，制成家中的小装饰。如果是在办公室使用的一次性水杯，在它损坏之前都可以循环使用。包里随时预备一只购物袋，可以轻松面对购物，不只为节省那几毛钱，更是减少白色污染的最好证明。

最后，电脑的使用。短时间不用电脑时，启用电脑的“睡眠”模式，能耗可下降到50%以下；关掉不用的程序和音箱、打印机等外围设备；少让硬盘、软盘、光盘同时工作；适当降低显示屏的亮度。用笔记本电脑时要特别注意：对电池完全放电；尽量不使用外接设备；关闭暂时不用的设备和接口；关闭屏幕保护程序；合理选择关机方式，需要立即恢复时采用“待机”模式、电池运行选“睡眠”模式、长时间不用选“关机”模式；电池运行时，在WindowsXP（操作系统）下，通过SpeedStep技术，可使CPU（中央处理器）自动降频，功耗可降低40%。

我们只有一个地球，地球孕育了我们的生命，是我们唯一的家，珍爱地球，就是珍爱我们自己！

2. 每一个生命都值得敬畏

珍爱生命是人类所有文化的共同特征。不管是对人的生命，还是对其他生物的生命，我们都必须保持敬畏的态度。敬畏生命，使每一个生命具有价值，就是善；伤害生命，阻碍生命的发展，就是恶。这应当成为人类道德上的准则。

我们居住的地球之所以五彩斑斓、生机盎然，是因为有亿万生命精心装点着它，美化着它。没有尊卑，没有贵贱，每一个生命都值得我们敬畏。

2008 年 5 月 12 日发生了让全世界人民都为之震惊的汶川大地震，国务院作出决定，2008 年 5 月 19 日至 5 月 21 日为全国哀悼日，从北国林海到南疆渔村，从天山牧场到江南水乡，在辽阔的中华大地上，全国人民停止一切公共娱乐活动，全都降半旗志哀，汽笛长鸣，共同表达对遇难者生命的深切哀悼。

2010 年 4 月 14 日悲惨一幕在玉树再次上演，地震再一次牵动着全国人民的心。一切生灵在那一刻都无比珍贵。国务院再次作出决定，于 2010 年 4 月 21 日举行全国哀悼活动，全国和驻外使领馆降半旗志哀，停止公共娱乐活动。

人类自诞生以来，总会在不经意间遭受这样或那样的灾难，我们的国家同样没有逃过灾难。但是我们不会在灾难的煎熬中屈服和退缩，我们必须前进，战胜灾难的勇气和信心让我们勇往直前。因为逝去的生命教给我们，每一个生命都值得敬畏。

一群猎手在猎狗的帮助下，把七八十只斑羚逼到悬崖上。

开始的时候，羊群躁动不安，但是没多长时间随着镰刀头羊的那声吼叫，整个斑羚群迅速分成两拨，老年斑羚为一拨，年轻斑羚为一拨。

就在这时，从那拨老斑羚里走出了一只公斑羚。公斑羚朝那拨年轻斑羚示意性地“咩”了一声，一只半大斑羚应声走了出来。一老一少走到伤心崖，后退了几步，突然，半大的斑羚朝前飞奔起来，差不多同时，老斑羚也快速起跑，半大的斑羚跑到悬崖边缘，纵身一跃，朝山涧对面跳去；老斑羚紧跟在半大斑羚后面，头一勾，也从悬崖上蹿跃出去。这一老一少跳跃的时间稍分先后，跳跃的幅度也略有差异，半大斑羚角度稍高些，老斑羚角度稍低些，等于一前一后、一高一低。

老斑羚凭着娴熟的跳跃技巧，在半大斑羚从最高点往下落的瞬间，身体出现在半大斑羚的蹄下。老斑羚的跳跃能力显然要比半大斑羚略胜一筹，当它的身体出现在半大斑羚的蹄下时，刚好处在跳跃弧线的最高点，就像两艘宇宙飞船在空中完成了对接一样，半大斑羚的4只蹄子在老斑羚宽阔结实的背上猛蹬了一下，就像踏在一块跳板上，它在空中再度起跳，下坠的身体奇迹般地再度升高。而老斑羚就像燃料已输送完了的火箭残壳自动脱离宇宙飞船，不，比火箭残壳更悲惨，在半大斑羚的猛力踢蹬下，老斑羚像只突然断翅的鸟笔直坠落下去。这只半大斑羚的第二次跳跃力度虽然不如第一次，高度也只有地面跳跃的一半，但足以跨越剩下的最后两米路程了。瞬间只见半大斑羚轻巧地落在了对面山峰上，兴奋地咩叫了一声，钻到磐石后面不见了。

试跳成功。紧接着，一对对斑羚凌空跃起，在山涧上空画出了一道道令人眼花缭乱的弧线。每一只年轻斑羚的成功飞渡，都意味着有一只老年斑羚将摔得粉身碎骨。

山涧上空，和那道彩虹平行，又架起一座桥，那就是一座以死亡为桥墩架起来的桥。没有拥挤，没有争夺，斑羚们秩序井然，快速飞渡。从头至尾没有一只老斑羚调换位置，它们心甘情愿用生命为下一代搭起一条生存的道路。

最后悬崖边上只剩下那只成功指挥了这群斑羚集体飞渡的镰刀头羊。这群斑羚的数量不是偶数，恰恰是奇数。镰刀头羊孤零零地站在山峰上，既没有年轻的斑羚需要它做空中垫脚石飞到对面山峰去，也没有谁来帮它飞渡。只见它迈着坚定的步伐，走向那道绚丽的彩虹。

在面临种群灭绝的关键时刻，斑羚竟然想出牺牲一半挽救另一半的办法来赢得种群的生存机会，而老斑羚们会那么从容地走向死亡。

所有猎手都看得目瞪口呆，连狗也惊讶地张大了嘴，伸出了长长的舌头，一直叫。

老斑羚纵身一跃的时候，它们每一个生命都是脆弱的，瞬间离去，不留痕迹。每一个生命又都是值得敬畏的，都经历了痛苦的孕育、风雨的艰辛、无奈的挣扎。

弘一法师在圆寂前，再三叮嘱弟子在把他的遗体装龛时，在龛中的4个角下各垫上一个碗，碗中装水，以免蚂蚁虫子爬上遗体后在火化时被无辜烧死。弘一法师才是真正敬畏生命的人，他对于生命怀有深切的怜悯和深深的敬畏之心。

莎士比亚认为人是万物的灵长，但上天并没有赋予我们任意支配其他生命的权力。法国学者史怀泽就曾怀着对生命的崇敬提出“敬畏生命”的伦理价值观，他认为当一个人把植物和动物的生命看得与他的生命同样重要的时候，他才是一个真正有道德的人。敬畏生命，善待生命，那么可爱的生命才能将它们无限的生机充分地展示在我们面前，让我们尽情地欣赏它们的高贵与美丽。

敬畏身边的每一个生命，让每一个生命都能平等、自由、充满激情地生长，让美丽的地球更加健康，大自然更加和谐。

3. 向动物学习

我们未必什么都比动物强，有时候动物们在许多方面比人类更强，更值得为万物之灵的人类仿效学习。

比身手矫健，我们不如猎豹羚羊；

比健康长寿，我们不如乌龟大象；

比驰骋草原，我们不如骏马野牛；

比长空比翼，我们不如雄鹰雨燕；

比腾挪跳跃，我们不如袋鼠驯鹿；

比游泳潜水，我们不如海豚鲨鱼；

比忍渴耐旱，我们不如蜥蜴骆驼；

……

岂止这些，我们该向动物学习的地方多着呢！比如动物从来不像人类那么贪婪，为了满足过多的需求而破坏地球生态。当前的空气污染、水土污染、臭氧层空洞、海平面上升、能源危机、水土流失都是人类的“杰作”。

从鱼儿那里，我们发明了先进的潜水艇；从鸭子那里，木匠鲁班发明了驾船工具——橹板；从鲸那里，我们知道了完美的“流线体”，从而加快了轮船行驶的速度；从终日忙碌的燕子那里，我们认识到勤劳的可贵；从齐心协力的蚂蚁那里，我们懂得了团结的力量；从搏击风雨的苍鹰那里，我们学到了勇敢顽强的精神。

猎人是在一丛摇曳的山苇后发现那只老虎的，当时太阳正要落山，一抹余晖如金属般镀在山苇上，把山苇花染得异常烂漫。这烂漫留住了猎人的目光。可是，他立刻凭借几十年狩猎的直觉，发现了草丛后的异样。

山苇丛中有一只老虎。老虎受了重伤，先流出的血凝成了黑色，新的血汩汩地从伤口涌出。

老虎也早已看见了猎人，当老虎看见猎人离去的时候，因流血过多而黯然的眼睛又暗了一分。

太阳忽地落下山去了，一阵风吹来，那丛山苇摇曳出几分凄凉，猎人就在此时又回来了。

猎人的归来让老虎战栗起来，老虎用绝望的眼神看着猎人。

猎人撕下自己夹袄的一角，勒紧老虎的伤口，把老虎扛在肩上，下山回家。

山里的冬天到来得格外早。当第一场雪落在山洼里的时候，康复了的老虎走出猎人简陋的屋舍。老虎在雪地上小心翼翼地跳了一下，又跳了一下。老虎在第三次跳起来的时候回望了老猎人的屋子一眼，老虎看见一点火光在幽暗处倏地一闪，老虎知道那是猎人的烟头。老虎瞬间就消失在林莽里了。

雪接踵而至。

老猎人在第二天开门的时候费了些周折，门被昨晚的雪堵住了。

老猎人在奋力拉开大门的时候吃了一惊，他倒退了一大步，他看见了老虎，那只他救过的老虎。

那只老虎蹲在一大群老虎的前面，见门开了，它呼喝了一声，众老虎接着大呼，呼喝声穿越林莽，如山崩海啸一般，惊得猎人差点坐到地上。最后在一声更为高昂的呼喝声后，那群老虎旋即消失了，只把寂静留在猎人门前。直到这个时候，猎人才看见面前小山似的野猪——当然是死了的。

小山似的野猪如今堆满了猎人的屋后，猎人不知道该怎样处理那些野猪，他为难极了。他很怕那些野猪会引来狼。

直到有一天早上，猎人颤巍巍地把门拉开一道缝，他看见往常这个时候出现在家门口的老虎群没有出现。老猎人终于重重地跌坐在地上。

猎人坐在那里，看见消失的宁静又回到了自己的院场，眼泪差点流下来。

老猎人抬头望天，诚心诚意地念了一声佛。

安静下来的猎人掐指一算：老虎群出现在院场的日子恰恰就是上个月老虎在自己家养伤的日子，不多不少，整整30天。

人类有时候真的要向动物学习，许多人嘴上都说着感恩图报的道理，可又有多少人做到了呢？人类做不到的事情，老虎做到了，为了报答猎人的救命之恩，老虎连续30天向猎人提供食物。

人类要向动物学习，就要懂得修身养性，学会凭良心做事。只有修身养性，才能保存良知，才会知恩图报。我们总认为自己比动物聪明，那么就做出比动物聪明的事情来吧，感恩任何时候都不会太晚。

4. 植物在改变世界

与人类生活密切相关的植物在历史进程中处于微妙而关键的地位。总之，植物的栽培、收获、运输、加工处理等一系列过程，无可置疑地改变了生态环境、人口分布和经济模式，甚至也改变了人们的生活。

（1）橡胶让世界“转”起来。

橡胶树作为一种植物，在地球上存在了很长时间。橡胶树的原产地在巴西亚马孙河流域的热带雨林中，印第安人称之为“哭泣的树”。

1823年，一名叫麦金托什的工人不小心把橡胶溶液沾到衣服上，意外发现它能够防水。于是，人类历史上第一件能挡雨的衣服诞生了。

1887年，约翰·博伊德·邓洛普在帮儿子修理自行车的过程中，灵机一动，发明了橡胶空心轮胎，这是一个划时代的发明。两年后，爱德华·米其林也在一次修理自行车轮胎的过程中，想到可以把轮胎做成可拆换的，由车主自己修理。1891年，米其林申请了这项轮胎改革专利，从此，人类对橡胶的需求剧增。如今，米其林公司已是世界上著名的跨国公司。

1895年，神奇的汽车终于诞生。但是，最初的汽车都不敢使用橡胶轮胎，人们认为，空心的橡胶轮胎用在自行车上还行，用在汽车这个庞然大物上很危险。空心橡胶轮胎能否承受汽车的重量？能否应付崎岖不平的道路状况？能否承受高速运动时强大的地面摩擦力？米其林兄弟自己变身赛车手，开着装有自己公司生产的空心轮胎的汽车，有史以来第一次达到了100千米的时速。汽车与橡胶空心轮胎的结合，就同当年的橡皮擦与铅笔一样，成为绝配。

目前，全世界每年天然橡胶产量在900万吨左右，依然供不应求。75%的橡胶用于轮胎业。至少在轮胎这个领域，至今仍然没有任何东西可以取代橡胶这种自然界的产物。橡胶已经成为关系到每个人日常生活的必需品，成为重要的工业原料。因为有了橡胶树，就有了橡胶、橡胶轮胎，整个世界从此“转”了起来。

（2）茶叶改变人类的生活习惯。

众所周知，中国是最早熟知茶的生产及加工技术的国家，但由于一直采取限制贸易政策，饮茶在很长一段时间里，仅限于中国及其周边一些国家。大约公元850年时，阿拉伯人通过丝绸之路获得了中国的茶叶。1559年，他们把茶叶经由威尼斯带到了欧洲。

在当时的欧洲，饮茶当属贵族生活的一部分，由于茶业价格昂贵，只有很少人能喝得起茶。到17世纪初，独具慧眼的英国东印度公司看准了茶叶贸易商机，花了整整66年时间，最终取得了与中国人从事茶叶贸易的特许经营权。

此后，东印度公司每年要从中国进口4000吨茶叶，但只能用白银购买。当时每吨茶叶的进价只有100英镑，东印度公司的批发价格却高达4000英镑，获得了巨额利润。不过，在英国国内，用于购买中国茶叶的银子却日渐稀少。为筹措白银，东印度公司竟向中国非法输入鸦片，对中国造成了巨大危害，最终导致了鸦片战争爆发。有趣的是，导致美国独立战争爆发的同样是茶叶。

茶叶在欧洲的风行，最终导致了欧洲人特别是英国人生活习惯的改变。比如，在下午4点钟喝下午茶成为许多英国家庭约定俗成的习惯。他们通常用银壶泡上足够的好茶，然后倒入精致的茶杯中慢慢品尝，当然还需要伴以精美的小点心。

（3）甘蔗导致血腥奴隶贸易。

喝茶导致了糖的需求量增加。糖是从甘蔗汁中提取出来的，最早的甘蔗种植出现在亚洲。当亚洲人品尝到糖的甜味时，当时的欧洲只能从蜂蜜中体验类似的感觉。直到11世纪，东征的十字军骑士才在叙利亚尝到糖的甜味。当时的欧洲，只有在王室、贵族和高级神职人员的餐桌上才能看到糖，享用高价进口的糖成了一种炫耀财富的方式。

新航路开辟后不久，西班牙、葡萄牙等国开始在加勒比海地区种植甘蔗。甘蔗种植园如雨后春笋般在这些岛屿上迅速增加。在英属巴巴多斯岛上，这个仅有430平方千米的弹丸之地竟有900多个甘蔗种植园。糖产量的增加导致糖的价格急剧下降，糖得以进入千家万户。

糖对世界产生的影响不仅在饮食上，它还直接导致了跨越洲际的人口大迁徙，不过这是在贩卖黑奴贸易的强制下发生的。相比烟草而言，甘蔗的栽培费时且费力，需要大量的劳动力。所以，当欧洲国家在加勒比海地区的殖民地大肆兴建种植园时，种植园主首先想到从非洲运大量奴隶来进行劳作。结果，加勒比海地区乃至南美地区的人口构成随着甘蔗种植园不断增加而发生了惊人变化。据统计，16 世纪以后的 300 年间，从非洲贩卖到美洲从事包括种植甘蔗在内的大种植园劳动的奴隶高达 1170 万人，最终仅有 980 万人活着到达目的地。所以说，糖的秘密是与奴隶的血与泪掺在一起的。

废除奴隶贸易之后，甘蔗大量种植，这个时候普通老百姓也能吃上糖，糖才被大众所接受。

上面只是简单地介绍了 3 种植物是怎样改变世界的，其实改变世界的植物还有很多，像养活了世界人民的土豆，给英国东印度公司带来不菲收入的棉花，等等。植物的传播看似波澜不惊，但却有着深远的意义。植物在改变着世界，也改变着我们的生活。

5. 面对自然，贡献我们的一份力量

人类一直宣称自己是主宰自然的万物之灵，可就是因为这样才导致大自然不断被破坏。其实在大自然的眼里，人类不过是不谙世事、愚昧无知的小孩，往往遇到严重后果才知道后悔，茂密的森林被人类砍成稀稀拉拉的树丛，鸟儿无家可归，人类以为这样做彻底征服了自然。不是的，人类错了！数年后一次暴风滚滚袭来，人们饱尝了黄沙的味道后，明白了没有植被的保护会使水土流失才后悔莫及。

人类不能一错再错，要制止生态恶化，为子孙后代创造一个更加美好的家园，让我们保护自然，用不同的形式来保护我们的生存环境。

地球家园的空气质量也不是想象中那样好了，我们赖以生存的地球已经遍体鳞伤。美国航空航天局（NASA）依据 2007 年 12 月卫星数据宣布，北极冰层的融化速度比先前预测的快许多。依照此速度，北极冰层将在 2012 年夏天完全融化。4000 亿吨甲烷气体被封存于海底的冰冻层，如果海水温度上升几摄氏度，甲烷气体就会释放到大气层中，后果将不堪设想。因为就温室气体而言，甲烷的威力是二氧化碳的 20 倍，毒气令人窒息，使人类无处可逃，将给地球带来毁灭性的灾难。

联合国粮食和农业组织 2006 年年底报道，饲养牲畜是造成气候反常的元

凶。全球温室效应气体的排放有两成来自动物养殖业，超过世界上所有交通运输工具排放的总量。人类必须遏制这种趋势。动物的排泄物产生的甲烷比交通工具多23倍，产生的氧化亚氮比交通工具多296倍，全球氨的排放近三分之二来自牲畜。显然，食用肉类是导致气候反常的主要原因，而气候反常则将造成海啸、水灾、旱灾、雪灾等灾难。

人类对环境的破坏速度已大大超出了人类预料，人类不仅预支了许多属于子孙的资源，同时正在因自己的行为而自食恶果。1972年联合国在瑞典斯德哥尔摩召开了联合国人类环境会议，会议以后尽管不少国家在环境治理方面取得了一些成果，但区域性和全球性环境问题仍然日趋严重。全球气候变暖、臭氧层破坏、大气污染和酸雨蔓延、森林锐减、土地荒漠化等方面一连串让人触目惊心的数字，都表明了人类对这颗美丽星球的无情伤害。

1984年12月3日深夜的印度博帕尔市，当人们在梦中沉睡的时候，恶魔悄然降临。一家由美国投资的农药厂的剧毒原料异氰酸甲酯突然泄漏，数十吨毒气以每小时5000米的速度向四周扩散。在40平方千米的范围内，波及11个居民区，20多万人受到伤害，其中2800多人死亡，5万余人终生失明。

1986年4月，苏联切尔诺贝利核电站第4号机组按计划停机检查，由于工作人员多次违反操作条例，致使反应堆爆炸起火。20000摄氏度的高温火球迅速烧毁了机房，高强度放射性物质四处蔓延，7000余人死于非命，受放射性伤害的人数难以统计。这次核事故使整个欧洲付出了沉重的代价。欧洲各国放射性尘埃强度增高，欧洲各邻国的蔬菜、牛奶不能食用，给人们心理上造成了巨大的恐慌。

1991年波斯湾海域战火纷飞，硝烟弥漫，生灵涂炭。伊拉克打开艾哈迈迪输油管，每天将几百万桶的原油倾泻入大海，在海湾内形成一片长56千米、宽16千米的油膜，几天后溢油总量就达到1100万桶（约170万吨），而且以每天24千米的速度向南漂移。所经之处有200万只海龟丧生，许多鱼类和其他动植物也遭受了灭顶之灾，波斯湾里的一些特产鱼种将永远消失。

这一组组死亡数字，这一幕幕惊人现象警示着人类：再不拯救自然，就是自取灭亡。人类要生存，就要采取措施。

首先要保护大气层。大气层中的臭氧层遭到破坏不仅导致皮肤癌，而且还危害到了浮游生物，而这些浮游生物是人类位于最高点的食物链的起点。

温室效应的结果更加有毁灭性：冰盖融化，海岸线被淹没，气候被破坏，土地干涸，最终食物消失殆尽。

人类要保护大气层就要采取针对性的措施：减少氟利昂的排放是为了保护臭氧层，减少二氧化碳的排放是为了控制温室效应（采取节能减排措施，大力发展使用清洁能源，提倡个人减少间接排放二氧化碳等），植树造林是为了净化空气和改善生态环境。此外还需要国家进行经济产业和经济带调整。

其次，吃素改变全球变暖。全球每天要杀掉约13亿只家禽、牲畜等动物以满足人类的口腹之欲，而生产1千克的肉食将排放36.4千克二氧化碳。如果人每天吃0.2千克肉，一年会排放两吨半以上的二氧化碳。人类在杀生的同时，也在伤害着自己的身体，也在毁灭着自己赖以生存的自然环境。全人类行动起来，大量植树，节约能源，就能减缓全球暖化，解决气候反常、水源污染、水土流失、粮食危机以及物种濒危问题。

最后，保护动物。动物是大自然中的一分子，同时也是人类的朋友。动物也像人类一样，有自己的智慧、情感，也会感到恐惧和害怕死亡。只是它们无法用人类的语言表达意见。造物主既然创造了各种不同的生命，就必然同时赋予它们在这个星球上生活的权利。

对于动物的保护，目前有3种方法：一是就地保护，根据各种珍稀动物的生活规律和生存地带，建立自然保护区，有单项的自然保护区，也有综合性自然保护区，制定法规，严禁捕猎；二是迁地保护，特别是对于稀有物种、灭绝物种和有特殊价值的动物，可将其从其活动栖息的地方迁出，移到人工饲养场、动物园、水族馆等专门场所加以饲养保护；三是离体保护，对饲养驯化的野生动物和家畜可采用这种方法，取其机体的一部分加以繁殖保存，如人工储藏精液、人工授精、借腹怀胎等。

脆弱的生态系统呼唤公众生态意识的觉醒，人类也越来越关注自然的变化，并且为了拯救我们共同的家园，我们愿意贡献自己的一份力量！

6. 保护地球资源

我曾看过一篇文章，标题为《只有一个地球》。文章的内容让我印象深刻。文章主要讲人类只有一个地球，我们不能破坏它，要精心保护地球，保护地球的生态环境，让地球变得更美好。

读了这篇文章，我心里久久不能平静。因为随着人口增长和经济发展，人们对自然环境索取得越来越多，环境承受的压力也越来越大。如今工厂排出的废水、废气、废渣，部分未经处理就排入江河湖海，水被污染了，造成鱼虾死亡、农作物枯萎……人类对环境利用不当，如滥伐树木，造成水土流失、土地沙漠化。因此而发生大水灾。

在此，我想对居住在地球上的人类说："你们快点清醒吧！我们只有一个地球，而它又给人类提供了这么多自然资源，我们怎么能去破坏它呢？如果地球被证实已经不能再生存的时候，我们又不能移居到另一个星球上居住。这是自取灭亡啊！所以我们应该同心协力，维护美丽而脆弱的地球。让地球更好地造福我们的子孙后代吧！"

地球就像哺育我们成长的母亲。没有地球，就没有我们；没有地球，我们就不能成长；所以我们一定要爱护自己的母亲，不能让母亲受到一点点伤害！这是我们作为子女应该做的！

虽然地球有很多的自然资源供我们人类使用，但就算再多的资源总有用完的一天啊！如果我们再不节约一点，总有一天会后悔莫及的！我们必须尽早觉悟，从现在开始行动起来，保护地球资源！

第八章　感恩贫穷

与富贵相比，贫穷的土壤更能孕育出坚韧不拔的意志，更能激发我们不屈不挠的奋斗精神。贫穷是一所大学，在这里我们学会珍惜，学会如何去爱以及如何缔造非凡的人生。贫穷并不可怕，可怕的是失去战胜贫穷的勇气。贫穷不是人生路上的绊脚石，而是命运赠予我们的一笔精神财富。

1. 贫穷是激励人成长的老师

贫穷是一笔宝贵的精神财富。它像一位严厉的老师，鞭策着我们前进。贫穷可以塑造坚韧的性格；贫穷可以磨炼顽强的意志；贫穷可以铸成不屈的毅力。贫穷，能使人很快适应生活环境；贫穷，能使人对社会的了解更加深刻；贫穷，能使人具备自强不息的精神……

贫困能造就坚强的人生，与富贵相比，贫困更能够让人坚韧不拔，更能振奋人的精神，更能磨炼高尚的品德和情操。富有挑战精神的人希望能多遇到一些困难，他们认为只有这样才能体现出他们的品德和天赋。他们视挑战贫困为乐事，把贫穷当作人生的老师，从中获得巨大的鼓舞和力量，在战胜贫苦的过程中感受着自己的人生价值。

约翰·布里敦出生于金斯顿一个非常贫困的家庭，父亲曾经做过面包师和麦芽制作工，生意被人挤垮后，还为此发了疯。那时候布里敦还是个孩子，几乎没有受过教育，但他并没有因此堕落。

早年，他在叔叔的酒店里干活，帮着装酒、上瓶塞、储存葡萄酒，一晃五年过去了，他突然被叔叔逐出了家门。五年来，他只攒了几个硬币，但就是这点钱伴他走过了七年的漂泊生涯。他经历了种种灾难和不幸，在自传里，他写道："我住在贫寒的地方，一星期只挣18便士，但是我沉迷于学习中，冬天晚上就在床上看书，因为我没有钱生炉子。"他徒步来到巴思，找到一份管窖的工作，不久他又来到大城市，身无分文，甚至没有袜子可穿。

他终于在伦敦酒店找到了一份管窖的工作，从早上7点到晚上11点一直待在酒窖里。这种漆黑的环境，加上过度劳累，他的身体开始出现问题。后来，他开始从事律师工作，每星期的工资为15先令——那些年，他一直利用空闲的每一分钟练习写作。在工作期间，他也抽空逛书摊，买不起书就站在那里看，通过这种方法积累了很多知识。过了几年，他又换了一家律师事务所，工资也涨到了20先令一星期，但他仍然坚持看书学习。

28岁时，他出版了自己的第一本书《皮萨罗的求职经历》。从那以后直到去世，在将近55年的时间里，布里敦一直从事文学创作。他出版的作品达87部，其中最重要的是《英国大教堂的古代风习》，总共14卷，是一部伟大的作品。这部作品本身就代表了约翰·布里敦不知疲倦的勤奋风格。

贫穷和苦难是人生的老师。我们没有经历过像约翰·布里敦那样的贫穷和苦难，但我们应该有意识地锻炼自己，锻造自己的坚韧品德。

上天给人贫穷时，同样也给人一份别样的天赋。

克里斯蒂亚诺·罗纳尔多现在已经是一位国际球星，他被球迷们亲切地称为“C罗”。

C罗出生于丰沙尔一个贫困的家庭，他家破烂的棚屋在一座小山丘上。家里的墙壁是水泥的，用废铁做的屋顶已经摇摇欲坠。他家的围墙像面包渣，而篱笆简直就是蜂窝，所有的家当最多不过4000英镑。贫寒的家境令C罗立志要获得成功。

C罗有两个姐姐和一个哥哥，在七八岁的时候，懂事的C罗就知道出去打点零工贴补家用。C罗的父亲对足球非常喜爱，这也使得C罗很小就非常喜欢足球，可是并不富裕的丰沙尔并没有多少适合踢球的场地，在C罗家的院子里堆满了废弃的垃圾和塑料袋，而附近的街道也到处都是生锈的废铁和碎石头。可就是这样，C罗的球技仍然令人难以置信地飞速进步。

C罗的出色表现很快引起了当地国民俱乐部的注意，于是C罗成为国民队一名小有名气的小球星。再后来，C罗凭借着自己超凡的球技，成为国际球星，身价上涨了近千倍。

C罗的成长故事告诉我们，成功是贫穷和苦难打磨出来的，一夜成名的背后浸满辛酸。

贫穷不是我们的错，我们要做的就是正视它，把它作为一种动力，改变这种环境，这也是长辈们对我们殷切的希望。因为贫穷而自暴自弃，这就是我们的错，奇迹只会等待有准备、懂得付出的人。

从古至今，多少仁人志士在穷困潦倒时仍能保持自我。杜甫居成都草堂，疾呼“安得广厦千万间，大庇天下寒士俱欢颜”；朱自清宁折不弯，即使饿死，也不接受美帝国主义的救济粮；洪战辉还是一个孩子的时候，就对另一个更弱小的孩子担负起了责任。又有多少出身贫寒的人，通过他们的不懈努力，成为首屈一指的大富豪，比如李嘉诚。

贫穷让我们懂得了什么是艰难困苦，贫穷也教会了我们如何战胜艰难困苦；贫穷给予了我们深深的打击和伤害，也给予了我们战胜苦难的勇气和力量。贫穷是激励人成长的老师，我们要感谢它给予我们一生的启迪和教诲。

当然，贫穷也使我们失去了一些东西：懒惰、虚荣……正是因为它们的失去，我们才明白：我们必须努力，必须坚持不懈地奋斗，用我们的激情去挥洒我们的汗水和热血，实现我们的人生价值。

2. 贫穷是一所最好的大学

俄国大文学家高尔基认为贫穷是一所最好的大学，如果你能够在这里修完所有的学分的话，在未来的人生，还有什么不能超越与突破的呢？

幼年丧父的高尔基因为家境贫寒，11 岁起就开始独自谋生。他曾经做过学徒、搬运工和面包师等。饥寒交迫的小高尔基在老板的皮鞭下体会到了人间的疾苦和生活的艰辛，同时也磨砺了意志。虽然生活贫困，但他自强不息，每天在繁重的工作之余还勤奋自学，最终铸就了极高的文学成就。

曾经或正处在贫穷中的人们，一定要记住：贫穷是一所最好的大学，而清贫将作为一笔宝贵的财富伴你左右。

我们常常可以看到这样一些人，他们因贫穷而失去了健康的生活，失去了受教育的机会，但是他们也因为贫穷而拥有坚强的意志和广博的学识。有的人很富有，但精神匮乏，经不起风雨的洗礼；有的人很贫穷，但意志坚强，便总能看到雨后美丽的彩虹。

1997 年天津市第一中学高三学生安金朋在阿根廷举行的第 38 届国际奥林匹克数学竞赛中荣获金牌，为我国奥林匹克竞赛写下光辉的一页。

安金朋从小家境贫寒，连草稿纸都买不起，但他通过自己的努力拿到了国际数学奥赛金牌，顺利地到北京数学研究所深造。他的事迹同样是与贫困搏斗的典型事迹。

安金朋的家在天津，他有一个天下最好的妈妈，她虽然只是个普通的农妇，可是她教给小金朋做人的道理却可以激励他一生。安金朋七岁那年上学，学费是妈妈和别人借的，他都是把同学丢掉的铅笔头捡回来，再用细线绑在木棍上面写字，没有本子他就用橡皮把别人用过的练习本擦干净然后接着用。不过妈妈也有骄傲的时候，不论大考小考儿子总是考第一名，数学永远是满分。记得高一时，为了买一本汉英字典，妈妈借来一台推车，上面装满白菜，跟儿子推到 40 里外的城里去卖，一天下来安金朋只吃了两个烧饼，回家路上走到一半，他已饿得眼睛发昏，这时他才忽然想起来，他没有分一个烧饼给妈妈吃，妈妈饿了一天，安金朋后悔地想打自己一个耳光。

安金朋在天津市第一中学读书时，生活费为每月 60 元，别的同学是每月

240 元，他知道妈妈为了这一点钱从月初到月末每一分钱都要省下来，安金朋是天津市第一中学唯一吃不起青菜的孩子，洗衣服连肥皂都没有，可是他从来没自卑过，他觉得妈妈是一位向厄运抗争的英雄，做她的儿子他无上光荣。安金朋有一点口吃，有人告诉他学好英文首先要让舌头听自己的话，于是他常捡石头含在嘴巴里拼命背英文，石头和舌头磨啊磨，有时血水都流出来了，可他始终咬着牙坚持练习。半年后，石头磨圆了，安金朋的舌头也磨平了，他的英文成绩变成了前三名。就是这样顽强地与贫困斗争，与困难搏击，安金朋取得了前所未有的成功，艰难的环境磨砺了他的意志，最终他实现了梦想。

贫穷是生活中的一道沟坎，是岁月里的一段艰辛，是人生境遇的一种无奈。贫穷的滋味让人难以忍受，无法言表；但是，经历多了，时间久了，贫穷也会让人品味出不一样的味道……

杨浩 15 岁那年，生了一场大病。为治病，家里不仅花掉了所有积蓄，还借债上万元。20 年前的上万元，可以说是个“天文数字”。这对杨浩原本就不富裕的家庭来说，更是雪上加霜。

当杨浩考上大学时，家里凑来凑去只有 500 元。学校离家千里，父母虽不放心，但也没去送，因为要省下路费作为儿子上学的费用。在父母担忧的目光中，杨浩独自一人坐火车前往学校。

到校后，交完各种杂费，兜里只剩下 200 多元，这就是杨浩一个学期的生活费。很长一段时间，他只吃食堂里最便宜的饭菜，有两个菜的价格至今他仍然清晰记得，土豆丝三毛、萝卜粉丝两毛五。每次老乡到学校来看他，他都会撒谎说自己不在学校，原因简单得不能再简单，他害怕请老乡吃饭，一顿饭虽然只要几十元，对于杨浩来说，却是一个月的生活费。

杨浩的那段人生充满艰难与沉重，在无人的夜里，他曾抱怨过、痛苦过、自卑过，在最绝望的时候，他甚至号啕大哭过。如今作为某公司经理的杨浩却深深感谢此番经历，因为贫穷是一所最好的大学，教会他很多东西。

贫穷告诉我们要学会珍惜。由于体会过一无所有的滋味，所以在我们的眼中，得到的一切都是如此来之不易。一点小小的收获、一个浅浅的微笑，都会让我们满心欢喜。当遇到挫折和烦恼的时候，我们回头看看来时路，就会觉得，没有什么输不起，那么难的日子都能过来，大不了一切归零，从头再来，没必要患得患失，内心也就坦然起来。这种状态让自己变得豁达，在纷繁复杂、光怪陆离的世界中，能保持一个良好的心态。

贫穷教会我们如何去爱。对于情感，我们有了更加深刻的理解，无论走多远，心中永远珍藏着父母省吃俭用给我们治病、供我们求学的伟大的爱，记着朋友之间不为金钱设防的坦诚，感动于妻子可以不要钻戒、不要婚车、不要住房就嫁给我们的真挚爱情……贫穷让我们剥开事物的表层，看到真实的内核，让我们不用怀疑感情的纯度与爱的温度。人生中又多了一块试金石，能够去伪存真，让我们感受真情的可贵。

贫穷更教会我们要努力。一个人金钱上穷不可怕，可怕的是志气上的穷，只有奋斗才能改变命运。

说来这世界其实也公平，每个人在得到的时候也在失去，在失去的同时也在得到，很难说谁更贫穷，谁更富有。面对贫穷没必要唉声叹气，妄自菲薄，因为贫穷是一所最好的大学。

3. 贫穷是一种难得的财富

贫穷是什么？很多人会说贫穷是魔鬼、是毒药……是的，当你需要钱的时候，贫穷的确很可怕，许多人因为贫穷而失去了朋友，失去了家庭，甚至因贫穷丧命。但是，如果换一个角度来看，贫穷也能够带给人无穷的好处，从某种意义上来说，贫穷又何尝不是人生中一种难得的财富？

贫穷并不可怕，有时贫困反而是最大的优势和资本。贫穷有时离成功与富有就差一层“窗户纸”，只需思维的一个“转身”——一次机会、一条信息、一个观念的转变，就够了。

什么事情都不是一成不变的，贫穷也是暂时的，关键是我们如何面对它。用探索挖掘、积极进取的态度去面对贫穷，也许就会看到它好的一面。

有逆境就有抗争，有曲折就有坚韧。好的环境能养育人，好的环境也能断送人；艰苦的环境能折磨人，艰苦的环境也能培养人。因此，贫穷也是一种难得的财富。

贫穷使人懂得珍惜机会。贫穷的人往往生活在社会的底层，很难受到机会的青睐，因此，在他们眼里，机会是很宝贵的。当机会降临时，他们常常能够紧紧抓住它们，并为之付出艰辛的努力，从而走向成功。

成龙从小家境贫寒，早早辍学，生活所迫他不得不跟着剧组跑龙套干些杂活。一次他偶然获得了导演的青睐，演了一个替身的角色。他抓住了机会，努力表现自己，结果他的表演天赋被导演看中，于是他开始涉足电影表演，而今的成龙已经是享誉国际的著名演员。

成龙之所以成功了，就是因为贫穷使他认识到机会的难得而倍加珍惜，试想如果没有那段贫穷的经历，他很有可能放弃在别人眼里根本不是机会的机会。因此，从这个意义上来看，贫穷就是一种难得的财富。

贫穷能使人增长阅历。俗话说“穷人的孩子早当家”，就是因为贫穷使人不得不过早地接触社会，接触到各种各样的人和事，从而积累了较多的社会经验。

我国著名的小品演员赵本山六岁时开始跟二叔（盲人）学艺。在这期间，他接触到了各种各样的人，见识到了许许多多的事，积累了相当丰富的艺术创作素材，加上他的模仿天赋，最终成为艺术家。

应该说善于模仿的人很多，但是能够达到赵本山高度的人却寥寥无几，究其原因，就是他们的人生阅历不够，缺乏艺术的生活源泉，使其模仿不够生动。从这个意义上说，赵本山童年的贫穷生活，成了他一生中最为宝贵的财富。

贫穷使人懂得感恩。贫穷的人常常遭遇艰难困苦，因此在得到别人的帮助时，就更容易体会到关爱的温暖，也就更懂得感恩。

汉初三杰之一的韩信，落魄之时常常饿肚子，只好去河边钓鱼。这时，有一群帮人家漂洗丝絮的妇女（漂母），刚好也到河边来漂洗丝絮。其中一位老妇见韩信饥饿可怜，每天将自己的那份饭留给韩信一半。后来，韩信成了左右楚汉战争的一方诸侯，回来就报答那位老妇，以千金相赠。

韩信和漂母的故事被人们广泛传颂，就是因为其中包含着人类的一种优良品质——感恩，而贫穷的人往往比优裕的人更懂得感恩的含义。从这个意义上来说，贫穷无疑也是一种难得的财富。

贫穷使我们自卑，贫穷使我们沉默，贫穷使我们体味到差距的痛苦，而贫穷同时也给予我们力量。是贫穷，唤起了我们不屈服的因子；是贫穷，激励我们改变与超越。路遥的《平凡的世界》感动了无数在贫穷中依然挺起脊梁勇敢面对生活的人们。书中孙少平在给妹妹的信中有这样一段话：“我们都来自贫困的农家，这给我们的成长带来了很多不便。但是，千万不要鄙薄我们的出身，正是这种出身，让我们终身受用不尽。但我们又要从这种出身的局限中走出来，去寻求更高更远意义上的生活。”

的确，我们不能改变贫穷的出身，但我们可以珍视贫穷，珍惜贫穷所赋予我们的一切。

4. 贫穷的土壤孕育坚韧的意志

贫穷使人知道创业艰难，就会加倍珍惜，不挥霍浪费，不暴殄天物；贫穷还可以激发一个人改变现状的奋斗精神，这些东西是无论多少金钱也买不到的宝贵财富。

因为贫穷，我们无路可退，所以会选择破釜沉舟，努力拼搏；拼搏路上艰无比，所以可以磨砺一个人的志气；贫穷还铸就了我们自强不息的勇气和毅力。

贫穷本身并不可怕，可怕的是贫穷的思想，它让人认为贫穷是自己的宿命。

倘若你觉得自己前途无望，觉得周围的一切都很惨淡，那么你应该立刻转过身来，朝向另一面，朝向那希望的阳光，将黑暗的阴影抛到脑后，把贫穷的思想、疑惧的思想从你的心中驱走，挂上光明、愉快的图画。

一般来说，一个人如果曾被贫穷折磨，那么他对财富的欲望会比别人强，设想也会不断涌出，并具有超凡的行动力。

千昌夫是日本著名歌手。他在兄弟三人之中排行老二，小学三年级时父亲病故，全家人靠母亲的积蓄勉强维持生计。因为实在太穷而无力支付电费，他们家被强制断电。没办法，全家人只好靠蜡烛照明。即使是现在，每当他看到蜡烛，眼前就浮现出当年贫困生活的情境。据说，他甚至讨厌看到餐桌上的蜡烛。

千昌夫升入高中后，心里仍旧充满着贫穷艰辛的困扰。这种困扰使他有了获得成功的雄心。高中二年级春假的一天，他独自一人乘夜间列车离家出走，怀着做歌手的理想直奔东京。之后，他拜作曲家远藤实宅为师，历经磨难与痛苦，终于成为后来风靡日本乃至世界的著名歌手。

逆境、危机感、一贫如洗等会成为取得成功的引爆剂和动力。

人类有几种坚强的品质，是与“贫穷”势不两立、水火不容的。自强与自立是坚强品质的基石。我们常能发现，有的人虽然贫穷、不幸，但仍然努力奋斗，这是因为坚强的品质发挥了非常重要的作用。一个失掉了勇气、失掉了自信、懒得去努力奋斗的人，同那些在追求成功的过程中不失坚强品质的人相比较，则是弱者。

其实，最能影响我们的能力、破坏我们的前途的，莫过于向目前的不幸环境妥协，以不幸的环境为理由，而不想去挣脱它。

人的命运是好还是坏，全因人的思维方式而定：你认为成功的可能性大，则大；你认为成功的可能性小，则小。千昌夫取得成功的原因之一，就是即使在贫穷时期他也依然认为成功的可能性巨大无比。人生只有一次，所以我们应该有远大的理想，并且为了实现理想而毫不犹豫地接受各种挑战。

有这样一位功成名就的企业家，他在40岁以前，一直穷困潦倒，家徒四壁，没有人看得起他，包括他的妻子，然而他没有因此就放弃希望。最后，他只身下海，从小本生意做起，在短短的10年内，就把一家手工作坊扩张成了资产上亿的私营企业。

有记者对他说："凭借着你这样的头脑与智慧，如果你出生在大城市里，受过良好的教育，那么，你的成就肯定会更大，至少会超过现在。"

他沉默了一会儿，说："也许有这种可能。但我相信，如果我不是生活在农村，没有经受过那么多苦难，而像其他城市人一样有衣穿，有房住，有人看得起，我会心安理得地生活下去，绝不会开办自己的家庭作坊。从这个意义上说，我要感谢我原来那段贫穷的生活。"

有人认为贫穷可以说是一种不幸，但只要你学会感恩，它就是一种财富。你可以利用这笔财富去激发你的潜能，鞭策你的行为，用你的成绩去报答那些曾经帮助过你的人。

是的，因为贫穷，人就有了渴望翻身的信念，才能在不论是生活还是学习工作中都全身心投入，去充实自己的大脑，提升自己的能力。穷人家的孩子比起温室里的花朵虽然艰辛了无数倍，却也收获了他们难以收获的坚韧意志。所以，请感恩贫穷吧。

孟子曾经说过："天将降大任于斯人也，必先苦其心志，劳其筋骨，饿其体肤，空乏其身，行拂乱其所为……"的确，人处于困境之中，往往会生发出一种不甘沉沦的豪气，于是用尽心力，顽强拼搏，即便是粉身碎骨，也义无反顾。

俄国著名作家高尔基曾经是个流浪儿，荷兰画家梵高也曾一文不名，丹麦童话作家安徒生出身于鞋匠家庭，居里夫人刚满10岁就出去打工……翻开历史，我们得到印证：贫穷的土壤孕育坚韧的意志。

5. 面对贫穷，学会坚强和快乐

面对贫穷，有人直面正视、勇于挑战，有人观望待救、消极回避。选择哪种方式，就意味着将要面临一个什么样的未来。毋庸置疑，能够经受贫穷考验的人，生活将充满生机。

古今中外，许多业有所成的名人，都是从贫寒的家境中走出来的。他们勇敢地面对贫穷，坚强地挺过了贫穷时期。在他们看来，求人不如求己。他们独立自主，用自己的双手去开垦属于自己的一片天地，用自己的智慧去编织属于自己的未来。他们没有天天等待机会，而是努力地去争取创造机会；他们没有接受富人的救济，而是靠自己养活自己。

美国副总统亨利·威尔逊小时候家境非常贫寒。他在回忆自己早年的生活时这样说："我出生在贫困的家庭里。当我还在摇篮里牙牙学语时，贫穷就露出它的狰狞面目了。我深深体会到，当我向母亲要一片面包而她手中什么都没有时是什么滋味。我承认我家确实穷，但我不甘心。我要改变这种情况，我不会像父母那样生活，这个念头无时无刻不纠缠在我心头。可以说，我一生所有的成就都要归功于我不甘贫穷的心。我要到外面的世界去！在10岁那年我离家，当了11年的学徒工，每年可以接受一个月的学校教育，在11年的艰辛工作之后，我得到了一头牛和六只绵羊作为报酬。我把它们换成几美元。从出生到21岁那年为止，我从来没有在娱乐上花过一美元，我花的每一美分都是经过精心计算的。我完全知道拖着疲惫的脚步在漫无尽头的盘山路上行走是什么样的痛苦感觉，我不得不请求我的同伴们丢下我先走……在我21岁生日之后的第一个月，我带着一队人马进入了人迹罕至的大森林，去采伐那里的大圆木。每天，我都是在天际的第一抹曙光出现之前起床，然后就一直辛勤地工作到天黑后星星探出头来为止。在一个月夜以继日的辛劳努力之后，我获得了六美元作为报酬，当时在我看来这可真是一个大数目啊！每个美元在我眼里都跟今天晚上那又大又圆、银光四溢的月亮一样。"

在这样贫穷的环境之中，威尔逊没有消沉、没有回避，反而勇敢地面对，最终磨炼出了坚韧不拔的意志。在他21岁之前，他已经设法读了1000本好书，这对一个穷人家的孩子来说是多么艰难的事情啊！他曾徒步到100里之外的马萨诸塞州内笛克去学习皮匠手艺。一年之后，他已经在内笛克的一个辩论俱乐部中脱颖而出，成为其中的佼佼者。后来，他在马萨诸塞州的议会上发表了反奴隶制度的演说，引起了广泛关注。12 年之后，他进入了国会。后来，威尔逊又竞选副总统，并如愿以偿。

试想一下，如果当初威尔逊选择了逃避，他后来的人生将会怎样？我国生活困难的大学生又是怎样面对自己处境的呢？

生活困难的大学生小杨说："9 月 1 日我来到内蒙古某大学，没有钱交学费和住宿费。在外地打工的父母寄回来的钱，仅仅够我和哥哥的生活费。我父母没有文化，40 多岁了还常年在外奔波。我能体会他们的苦心，他们一直都想改变家里的现状，但从未成功。接到通知书那天，我去了民政局，开具了家庭特困证明。当时，贫穷深深地困扰着我。很少有人能明白一个十几岁的孩子为了参加演讲比赛而向同学借衣服，一个十几岁的孩子为了交几十元的参考书费而愁得几夜不合眼。但我却深信，被贫穷困扰着的生活远比一帆风顺、优越舒适的生活更为真实、更为深刻。我在经历了半个月的大学生活后，发现自己成熟了许多。生命能承受泪水之重——谁不是一边流泪一边学会勇敢与坚强？我擦干了泪，它已将烦恼与忧伤冲刷掉，只沉淀下那些令我快乐的阳光往事了。"她说话时，语气的坚定、目光的坚毅，让人深深地感到有一种不可摧毁的力量在推动着她向前走。

面对贫穷，我们要学会坚强和快乐。只有这样，我们才能承担以后生活中更多的重任。

一位著名作家谈到他早年辛勤工作时说："当我回顾那段艰难却令人难忘的岁月时，我的内心却充满喜悦。当我的口袋里没有一分钱，在一个没有炉火的小屋里专心写作时，我感到无比快乐，比我现在坐在舒适体面的会客厅里感觉到的快乐要大得多。"

有这样一则寓言故事。

一次，一位国君因为生活太富足而感到无聊和空虚，便派一位皇差去寻找世界上最快乐的人，倘若发现这样的人，立刻脱下他的衬衣带回皇宫。这位皇差在大街上发现了一名流浪汉，流浪汉整天唱歌跳舞，异常开心。这位皇差便认为他就是世界上最快乐的人，于是抓住了他，哪知这位流浪汉身上竟然连衬衣也没有。

快乐到底是什么？为什么那么多富人不快乐，而一些穷人却能沉浸在快乐的生活中？

一位哲人说得好："让空虚和谎言都离我而去，贫穷非我所欲，富足亦非我所欲；粗茶淡饭，我足矣。”人快乐的天性是不平等的。这种不平等，较之财富的不平等，更为重要。财富赐予人的其实是有限的，人天性的快乐和忧伤，并不取决于它。精神的力量远大于财富，它决定了人们天性的快乐或者忧伤。常言道：“知足者常乐。”一个穷人的知足天性所带来的快乐，足可抵过一个富翁穷奢极欲的欢愉。

第九章　感恩挫折

人生在世，难免会遇到风风雨雨，无论遇到什么情况我们都应该勇敢地面对，坦然地处理，而不应当一味地埋怨生活、自暴自弃。挫折之于我们，是成功的踏脚石，我们应该满怀感恩，振作起来。

海伦·凯勒曾经表示她非常感谢上天给予她种种不幸，因为经过不幸的磨炼，她比常人更加坚强，更加百折不挠。其实，磨炼我们的人，就是我们的恩人；给我们痛苦的人，就是激励我们的人；给我们批评的人，就是助我们成长的人。拥有一颗感恩的心，我们就能克服困难，越挫越勇。

1. 人生难免有挫折

在一片宽阔茂密的大森林里，一株娇嫩的小树为身旁一棵参天大树时刻为自己遮风挡雨而感到庆幸，它把大树视为珍贵的保护伞。在大树被伐木工人砍倒后，小树一时间感到不知所措，于是难过地哭了起来。这时，小树身旁的另一棵大树说话了："孩子，在你的人生中，总会遇到许许多多挫折，你要学会勇敢地面对。你失去了大树的遮挡反而是一件好事，现在，你可以吸收更充足的水分和养料，沐浴更温暖的阳光，也可以更快、更茁壮地生长了呀!"

是啊，在人的一生中，谁都会遇到挫折。但是我们也要知道平静的湖面训练不出技艺精湛的水手；安逸的环境造就不出时代的英豪。波涛汹涌是磨炼水手的好时机，道路坎坷是助人增长才干的好阶梯。虽然没有参天大树为这棵小树遮风挡雨，但是小树在经历挫折后会吸收更多的养料，也会茁壮地成长为一棵参天大树。

若不经历挫折就享受成功的滋味，那成功的滋味也不会甘美。若理想没有挫折的磨炼，那理想也不会发光，就像宝石没经过磨砺，难以焕发出光彩一样。对于能够经受住考验的人来说，挫折是一笔不可估量的财富。人往往是经受挫折而进步的、挫折对于强者来说是种动力，是通向成功最近的那扇门。

从巨人汉卡到巨人大厦，从脑白金到黄金搭档，他曾经是莘莘学子万分敬仰的创业天才，5 年时间内跻身财富榜第 8 位；他也曾是无数企业家引以为戒的失败典型，一夜之间负债 2.5 亿元；而如今他又是著名的东山再起者，再次创业成为保健巨头、网游新锐，身家数十亿元。史玉柱再次崛起的故事，向我们展示了他经历挫折后的传奇人生。

史玉柱，安徽怀远人，1984 年毕业于浙江大学数学系，分配至安徽统计局。1989 年 1 月，史玉柱毕业于深圳大学研究生学院，他有一颗年轻的心，怎么也不能安分下来，随即下海创业。

1989 年夏，史玉柱自认自己开发的 M－6401 桌面文字处理系统作为产品已经成熟，用 4000 元承包下天津大学深圳电脑部。该部虽名之为电脑部却没有一台电脑，仅有一张营业执照。当时深圳最便宜的电脑一台也要 8500 元。

史玉柱以加价1000元的代价获得了推迟付款半个月的“优惠”，赊得一台电脑。史玉柱以软件版权做抵押，在《计算机世界》上先做广告后付款，推广预算共计17550元。然后他在《计算机世界》上打出半个版面的广告：“M－6401，历史性的突破。”投放广告的第13天，史玉柱收到数笔汇款。至当年9月中旬，史玉柱的销售额已突破10万元。史玉柱付清欠款，将余钱投向广告。4个月后，M－6401的销售额收入超过100万元。1991年，巨人公司成立，推出M－6403，M－6403实现利润3500万元。

被胜利冲昏了头脑的史玉柱有些浮躁，有些狂妄。史玉柱决意在美丽的珠海盖一栋自己的大厦，可在他一次又一次和社会名流握手之后，这栋原本18层的房子猛然间被拔高到70层，哪怕当时他手里揣着的钱仅仅能为这栋楼打桩。最后由于资金没有跟上，高楼一直没有盖好，巨人大厦很快坍塌下来。

史玉柱真正感到无力回天后，就完全放松了。这就是他，欠债2亿元时还能避免崩溃。当时史玉柱无力回天，好几个月没给员工发工资，但是公司的核心干部竟然没有一个人因此离开。史玉柱建立生产保健类产品的生物医药企业“上海健特生物科技有限公司”。2000年12月21日他又注册成立“珠海市士安有限公司”，在珠海收购巨人大厦的楼花。史玉柱自称和原班人马在上海及江浙创业，做的是“脑白金”业务，表示“老百姓的钱，我一定要还”，并定下了2000年年底还钱的时间表。

2001年，史玉柱在上海申请注册巨人公司，谋求上市。2004年11月18日，上海征途网络科技有限公司正式成立，以开发运营网络游戏进入开发运营商行列。2007年11月1日，史玉柱旗下的巨人投资公司在北京人民大会堂宣布，正式开辟保健品、银行投资、网游之后的第四战场——保健酒市场，推出功能名酒——五粮液黄金酒。巨人投资与酒业巨头五粮液集团签署了长达30年的战略合作合同，巨人投资并担任黄金酒的全球总经销。就此，五粮液这款保健酒正式披上了史玉柱牌子的黄金外衣。之后，巨人网络董事长CEO（首席执行官）史玉柱在上海宣布，推出名为“赢在巨人”的网游创业平台。

2009年3月12日，福布斯富豪榜发布，史玉柱以15亿美元居第468位，在中国内地居第14位。

史玉柱经历了人间的大喜大悲，由挫折走向成功的每一步，他都脚踏实地。在遇到挫折时，弱者选择了逃避、沉沦，最终在挫折面前低下了头，在人生的道路上停滞不前，成为自己将自己打败的人。而史玉柱是一位强者，他坚强、勇敢地向挫折、向命运挑战，始终顶着人生海面上的狂风巨浪勇往直前，成就人生梦想。

2. 挫折是千金难买的财富

挫折是迈向成功的踏脚石。挫折是一本教科书，教你变得更加坚强，教你不断成长，教你更好地经营人生。从这个意义上讲，挫折的确是每个人人生中一笔千金难买的财富。

鱼儿游弋于大海，接受惊涛骇浪的洗礼，才有鱼跃龙门的美丽传说；雄鹰翱翔蓝天，接受风刀雪剑的磨砺，才能拥有叱咤风云的豪迈；人也一样，需要驰骋于荒原，接受筚路蓝缕的磨炼，才能造就辉煌的人生。

人生路上，我们总会与挫折直面，挫折与成功是相伴相随的。有了挫折的磨砺，才能增长经验；有了挫折的磨砺，才能走向成功；有了挫折的磨砺，才能使人生丰富多彩。

有责任感的人都会同意挫折是千金难买的财富，没有人会不劳而获，在走向成功的道路上，既要付出汗水，也要勇敢地面对挫折与失败。

“失败”先生、“平凡”先生跟“成功”先生相比，他们各方面包括年龄、能力、社会背景、国籍等都很可能相同，但只有一个例外，就是对挫折的反应不同。

当“失败”先生跌倒时，他就无法爬起来了，他只会躺在地上骂个没完。而“平凡”先生则会跪在地上，准备伺机逃跑，以免再次受到打击。但是，“成功”先生的反应跟他们不同：他被打倒时，会立即反弹起来，同时会汲取这个宝贵的经验，继续往前冲刺。

哈佛大学的一位教授讲过这样一件事。

几年前，他给毕业班一位学生的成绩打了个不及格。这件事对那位学生打击很大，因为他早已做好毕业后的各种计划，现在不得不取消，真的很难堪。他只有两条路可走：第一是重修，下年度毕业时才拿到学位。第二是不要学位，一走了之。

在知道自己不及格时，这位学生非常失望，并找这位教授要求通融一下。在知道不能更改后，他大发脾气，向教授发泄了一通。这位教授等待他平静下来后，对他说：“你说的大部分都很对，确实有许多知名人物几乎不知道这一科的内容。你将来很可能不用这门知识就可以获得成功，你也可能一辈子都用不到这门课程的知识，但是你对这门课的态度却对你大有影响。”

“你是什么意思?”这位学生问道。

教授回答说：“我能不能给你一个建议呢？我知道你相当失望，我了解你的感受，我也不会怪你。但是请你用积极的态度来面对这件事吧，这一课非常非常重要，如果不由衷地培养积极的心态，根本做不成任何事情。请你记住这个教训，五年以后你就会知道，它是使你收获最大的一个教训。”

后来这位学生又重修了这门课程，而且成绩非常优异。不久，他特地向这位教授致谢，并非常感激那场争论。

“这次不及格真的使我受益无穷。”他说，“这听起来可能有点奇怪，我甚至庆幸那次没有通过。因为我经历了挫折，并尝到了成功的滋味。”

从挫折中吸取教训，好好利用，就可以对挫折泰然处之。

我们不要把人生中的挫折推给命运，要仔细研究遭遇挫折的原因，并从中发现要学习和改进的地方还有很多。世界上有无数人，一辈子浑浑噩噩、碌碌无为，他们对自己一直平庸的解释不外乎“运气不好”“命运坎坷”。他们只想得到别人的同情，而没有一点儿主见。由于他们想不通这一点，才一直找不到使他们变得更伟大、更坚强的机会。

挫折并不可怕，挫折是人生的必修课，我们应该正视挫折，感谢挫折。挫折使我们明白生命的内涵：正视、不屈、沉着、奋进。

挫折是千金难买的财富，顺境中人们看到的是鲜花和笑脸，然而，习惯于被喜悦滋润的心灵往往承受不起打击的负荷，只有迎向挫折，尝遍人间酸甜苦辣，感受世态炎凉，才能对生活有更深一层的领悟，更了解人生的真谛。

塞翁失马，焉知非福。从某方面说，挫折对我们来说是一件历练意志的好事，唯有挫折与困境才能使一个人变得坚强，变得无敌。挫折可以锻炼我们克服困难的种种能力，森林中的大树，不同暴风骤雨搏击过千百回，树干就不会长得十分结实；人不遭遇种种挫折，不会练就非凡的本领，也不会走向成熟。一切的磨难、忧苦与悲哀，都足以帮助我们成长，锻炼我们。挫折足以燃起一个人的热情，激起一个人的潜力，使人成功。有本领、有骨气的人，能将挫折变成动力，像水蚌那样，将烦恼的沙砾化成珍珠。

挫折是一所每个人都必须经历的学校，在这所学校里，你将学会怎样做人，怎样独立思考，怎样做出选择，这一切都会决定你一生的命运。心理学家认为：对挫折的体验能培养人从容应付风险的能力，一旦发现自己能在风险中挺过来，对失败的恐惧就减少了。当你战胜挫折时，你会对成功有更深的感悟，就是在这样一次次的感悟中，你走出了完美的人生。

哲学家科林斯认为，不经历挫折，成功也只能是暂时的表象，只有历经挫折磨难，成功才能像纯金一样发出光来。挫折并不可怕，可怕的是经历了挫折却不知道总结教训，暂时的挫折不应该是消沉的原因，而应该是继续奋斗的起点。逃避挫折是解决不了问题的，最好的办法就是与挫折相处，不怕挫折，勇于面对它，接受它，并从挫折中汲取人生的经验和营养，从而使自己在不断经历和克服挫折的过程中成长、壮大，直至走向成功。

3. 把挫折转化成前进的动力

挫折是一种人生的历练，知识的积聚，素质的升华，意志的磨炼。如果你的人生充满了苦难与悲伤，人生的旅途充满了挫折和坎坷，你依然应该感谢命运，在山重水复的时候，总有柳暗花明的世外桃源在等待你。

不论你生长在什么样的环境下，只要你拥有不灭的意志，积极的心态，自强不息，付出艰苦的努力，你就会成长为一个勇敢、坚强的人。正如文天祥所说："君子之所以进者，无他法，天行而已矣。"一个自强不息的人，上天都垂青于他。

苏联火箭专家齐奥尔科夫斯基10岁时，染上了猩红热，持续几天的高烧引发了严重的并发症，他几乎完全丧失了听觉，成了半聋。然而，他默默地承受了其他孩子的讥笑和无法继续上学的痛苦，在父亲的帮助下自学了物理、化学、微积分、解析几何等课程。就这样，一个耳聋的人，一个没有受过任何教授指导的人，一个从未进过中学和高等学府的人，由于始终如一地勤奋自学、自强不息，终于成了一个学识渊博的科学家，为火箭技术和星际航行奠定了理论基础。这是何等的毅力！

面对挫折与磨难，我们要敢于拼搏，自强不息。自强是比朋友、金钱以及各种外界的援助更为可靠的东西。它能让人排除阻碍、战胜艰难，能让平凡的人创造惊人的奇迹！

在风平浪静的湖面上驾驶船只是不需要大量的技巧与丰富的航行经验的。只有在波涛澎湃、浊浪排空的海面上驾驶船只，舵手的航海能力才能被检验出来。

我们不要为经济窘迫、事业惨淡、生活艰难而悲伤叹气，其实这正是我们获得长进的时候。不经历风雨，就难以见到美丽的彩虹！

当挫折和磨难降临的时候，我们最好的做法就是自强不息，把挫折转化成前进的动力。

有句话说得好："挫折像弹簧，你弱它就强。"挫折本来无所谓强弱，它就像一个欺软怕硬的弹簧，你面对它时畏畏缩缩，心惊胆战，它就要跳起来，将千钧重担压在你身上。而当你站到它的上面，反而能借助"挫折弹簧"的弹力，一跃冲天。

在生活与工作中，我们要善于把挫折转变成前进的动力。当我们不断地战胜挫折，并通过它一步步地接近目标时，每通过一个关口，我们都对下一关充满好奇与期盼。下一站，将会有什么样的风景？这种强烈的好奇与期盼，能让我们将挫折转化为前进的动力，它会支撑着我们战胜一个又一个挫折，直至实现目标。

道理人人都能讲，可是要想将挫折转化为前进的动力，具体应该怎样操作呢？化挫折为前进的动力，其方法有很多种，生活中有很多成功的例子。

李科，35 岁，职业律师，年收入过百万元。曾被某直辖市评为"2005 年十大杰出青年"，他因无偿为山区失学儿童打公益官司而声名鹊起，是名真正的青年才俊，事业有成的成功者。

在李科没有成功前，他的家庭条件不好，爸爸早逝，妈妈是农村妇女，没有收入。刚从政法大学毕业时，李科英语成绩未过四级，不能进入大律师事务所工作，只能挂靠在一家小律师事务所，当律师助理。实习一个月，他不但没有收入，反而倒贴了 300 多元的车费与饭钱。由于家里入不敷出，妈妈就背着儿子，托朋友找了一份清洁工的工作来补贴家用。工作地点就在李科上班的写字楼旁。

一天，李科办完事回家，意外地发现，妈妈正佝偻着身子，在楼道的垃圾桶里翻找东西。李科的眼眶立时就红了，赶紧趁着没人看见，将妈妈劝回家。在李科的坚持下，妈妈再没有去那里打工。

不过从此之后，李科比以往更加努力工作了，他利用闲暇时间自修英语，半年后顺利拿到了四级证书。可有人发现：李科每天下班后，仍然坚持要到那个"妈妈掏过的"垃圾桶旁边"罚站"五分钟。

他表示，要记住那一次突然看到妈妈时的尴尬与心痛，以此来激励自己，绝对不能再让类似的事情发生。

这样的日子只持续了一年，李科便成功跳槽到了一家中型律师事务所工作。由于工作努力，李科得到了业界前辈的赏识，事业也慢慢地走上了正轨，才有了后来的成就。

真的猛士，敢于直面惨淡的人生！将挫折转化成前进的动力，没有什么诀窍，其实就是将挫折当作成功的一部分去看待，在通往成功的道路上，不断地用尴尬的困境来刺激自己。

挫折是不可逃避的客观事实。每当你需要战胜挫折，却因为懒惰、畏惧，不肯前行时，不妨再坚持一下，多想一想战胜挫折后你能得到什么，不能战胜它，你将失去什么。在失与得之间权衡利弊，想清楚每一件事情对自己的意义。这样，挫折就不再是障碍，它就成了一座使你通向成功的桥梁。

正如一首歌中所唱的那样："不经历风雨，怎么见彩虹？"没有挫折的成功是不值得庆幸的。所以，请你以愉快的心情，毫无畏惧地直面挫折，以积极的心态去战胜挫折吧。真正悟出"与自己斗，其乐无穷"的道理，将会使你一生受用无穷。

4. 你比你自己想象的坚强

林肯是第16任美国总统。他领导了美国南北战争，颁布了《解放黑人奴隶宣言》，维护了联邦统一，为美国在19世纪末跃居世界头号工业强国开辟了道路，使美国进入经济发展的黄金时代，被称为"伟大的解放者"。

林肯在1周岁左右的时候，被妈妈牵着小手带到公园的广场前，要上十几级台阶。林肯挣脱开妈妈的手，他要自己爬上去。他用胖胖的小手向上爬，妈妈也没有抱他上去的意思。当爬上两个台阶时，他就感到台阶很高，回头瞅一眼妈妈，妈妈没有伸手去扶他的意思，只是眼睛里充满了慈爱和鼓励。林肯又抬头向上瞅了瞅，他放弃了让妈妈抱他的想法，还是手脚并用小心地向上爬。他爬得很吃力，小脸蛋累得通红，那身娃娃服也被弄得都是土，小手也脏兮兮的，但他最终爬上去了。妈妈这才拍拍林肯身上的土，在那通红的小脸上亲了一口。

林肯的父亲是农民，林肯的家境极为贫寒。林肯断断续续接受正规教育的时间加起来还不足一年。但林肯从小就养成了热爱知识、追求学问、善良正直和坚强的好品质。他买不起纸和笔，就用木炭在木板上写字，用小木棍在地上练字。他抓紧一切时间看书学习，练习演讲。

但是林肯的母亲在林肯9岁那年不幸病故。毫无疑问，她用坚强而伟大的母爱抚养了林肯，使他以后不管碰上什么样的挫折，都能坚强地面对未来。

林肯失过业，做过工人，当过律师，1835年订婚后就快结婚了，未婚妻却去世了，因此他的心也碎了。之后，他的精神完全崩溃，卧病在床6个月。1838年他参加竞选州议员的发言人，但是没有成功。1843年他参加国会大选，但是落选了。1846年他再次参加国会大选，这次当选了。他前往华盛顿，表现得非常优秀。1848年他寻求国会议员连任，失败了。1849年他想在自己的州内担任土地局长的工作，被拒绝了。1854年他竞选美国参议员，落选了。1856年他再度竞选美国参议员，又再度落败。1860年他当选美国总统时，已是51岁的年纪了，他终于如愿以偿问鼎白宫，并取得了辉煌的成绩，被马克思称为“一位英雄”。

林肯从29岁起，开始竞选议员和总统，前后尝试过11次，失败过9次。但是他从不气馁，他用坚强的意志告诉自己一定可以，肯定能行。

什么东西比石头还硬？很多人都说是水。是的，软水能穿透硬石，这就是坚强，唯有坚持不懈才能水滴石穿。林肯的故事告诉我们，我们的一生不可能一帆风顺，可能有荆棘，也可能有沙尘。但是我们不应该被困难压垮、被挫折打败，挺起胸膛，你会比你自己想象的坚强。

廖昌永曾为中国人在世界乐坛赢得了地位，然而，你可知道他原来是农民的儿子，如今却是活跃于世界舞台的极少数杰出的亚裔歌唱家之一。多年来，廖昌永不断荣获国际声乐大奖。1996—1997年间，廖昌永在一年内分别获得法国第41届图卢兹国际声乐比赛、多明戈世界歌剧大赛、挪威宋雅皇后国际声乐大赛的第一名，使世界乐坛为之震惊。

廖昌永出生在四川省成都市郫县一个普通的农民家庭。那是位于成都平原中部以豆瓣酱出名的一个小县城，那儿远离城市的繁华和喧嚣，虽历史悠久，但艺术氛围十分淡薄，更不用说异国他乡的西洋音乐了。

1975年，廖昌永7岁。那年，他的父亲，全家的顶梁柱因病丢下了妻子儿女离开了人世，这对日渐贫困的家庭无疑是雪上加霜。父亲去世后，在乡村小学教书的二姐把廖昌永带到了学校，一是为了替妈妈带弟弟，二是让廖昌永多接触读书的环境。于是，早熟的廖昌永在付了3元学费后，开始了小学生涯。小学毕业后，廖昌永转而投奔已经工作的三姐和三姐夫，到离家乡300多公里的茂汶县中学读书。

读书的时候，他每天会经过一座桥。当他站在这座桥上大喊的时候，他看着大江，觉得人很渺小，觉得整个心胸都很宽广。或许是天意，一段时间以后，廖昌永感觉嗓子比以前更亮、更宽，气也更顺了。这也许就是廖昌永最初的练声法。

廖昌永从童年开始就萌发了对唱歌的热爱，直到遇见一位刚从师范学院毕业的音乐老师，才真正产生了报考音乐学院的想法。那位仅仅比廖昌永大3岁半的老师告诉他："你的嗓音条件不错，应该去音乐学院试试。"高中毕业后，廖昌永报考当地的音乐学院，没有被录取。但这并没有让他退却，经过几个月的复习之后，廖昌永报考了历史悠久的上海音乐学院。出乎所有的人意料，廖昌永考上了。带着100多元，带着几本早已翻烂的音乐书，带着母亲的嘱托和希望，带着对音乐的渴望和追求，廖昌永远离亲人，来到上海，开始了他全新的学习生活，真正迈开了他探索、追求音乐的第一步。谁也没有想到，廖昌永踏进上海音乐学院的第一步，竟然是赤着脚走的。他报到的那一天，上海下着瓢泼大雨。从中午12点多火车进站直到晚上6点，大雨一直下个不停。廖昌永望着满街的水，心疼妈妈刚给他买的新皮鞋，便毅然脱掉皮鞋，赤着脚一步一步走入上海音乐学院。

那时候廖昌永每月只有3个姐姐轮流寄来的60元生活费，每次去食堂他几乎都是最后才去，只有到考试的时候才买一次肉吃。

由于穷，被人嘲笑，不敢和同学一起玩，廖昌永没有朋友，常常独自一人。大家都说这个人孤僻，不合群，甚至有的老师也因为这样不喜欢他。然而仅仅是这样就罢了，当有人丢了钱之后，有的人理所当然地认为就是廖昌永偷的，因为他最穷。

越是受到这样的打击，廖昌永越是发奋努力。刚进学校的时候，廖昌永连钢琴都不会弹，音乐基础几乎是全班最差的，但到了毕业的时候，他是以全班第一名的成绩毕业的。他的努力和成绩，让所有人对他刮目相看，这也为他涉足国际乐坛奠定了基础。

5. 再试一次就是成功

在一次火灾中，一位小男孩被严重烧伤，他的下半身没有任何知觉，出院后，妈妈每天用轮椅推着他到院子里转一转。

有一天，妈妈推着他到院子里呼吸新鲜空气时有事离开了。迷人的景色让他的心从沉睡中醒来：我一定要站起来。于是，他奋力推开轮椅，用双肘在草地上匍匐前进，爬到篱笆边，努力抓着墙站起来，拉住篱笆墙练习行走。

日子一天天过去了，他的双腿始终软弱地垂着，没有任何知觉。但他不甘心一直在轮椅上生活，他握紧拳头告诉自己：未来的日子里，一定要靠自己的双腿行走。终于，在一个清晨，当他再次拖着无力的双腿紧拉着篱笆墙行走时，一阵钻心的疼痛从下肢传了过来。他惊呆了，他怀疑是自己的错觉，又试着走了两步，那种疼痛又一次清晰地传递了过来：在他的不懈锻炼下，他的下肢已开始恢复知觉了。

自那以后，他的身体恢复得很快。终于有一天，他竟然在院子里跑了起来。自此，他的生活与其他男孩并无两样，到他读大学时，他还被选进了田径队。

就是在再试一下的驱动下，小男孩的梦想变成了现实。是的，成功需要挑战，我们要勇敢地接受挑战。只要我们找准方向，那么终有一天会到达成功的顶峰，拥抱灿烂和辉煌。再试一次，成功就在眼前。

我国著名作家刘墉写给女儿的成功三部曲的终结本《再试一次就成功》里面有这么几句话："挖一口井，在你放弃之前，再试一铲！电话打不通，在你放弃之前，再试一次！计划不成功，在你放弃之前，再试一次！考试不过关，在你放弃之前，再试一次！网络上不去，在你认定机器有毛病前，再试一次！东西坏了，在你扔掉前，再试一次！有一天，每个人都说不可能打开的瓶盖，把它接过来，再试一次！有一天，每个人都说你没希望的时候，不要气馁，再试一次！很可能，你这一试，就成功了。"

刘墉在写书教育女儿的同时，也在提醒我们，机会稍纵即逝，我们要想到达成功的彼岸，任何时候都不要忘了"再试一次"。

慧珠大学毕业之后，只身来到深圳找工作。她说她喜欢生活节奏快、充满挑战性的工作环境。深圳这个城市让她觉得有活力，于是开始不顾一切地寻找她想要的生活。

当慧珠捧着"做工精致"的求职材料来到供需见面会上时，她终于对中国众多的"人口"有了深刻认识。她好不容易挤进一个摊位，却发现桌子上堆满了"五彩缤纷"的求职材料。最残酷的是，毕业于名牌大学的求职书比比皆是。天哪，慧珠逃也似的离开了现场。

然后就是苦苦的等待。然而一个月过去了，却毫无结果。刚毕业时的满腔激情、雄心壮志已荡然无存。

慧珠突然十分想家，但最后一刻慧珠还是打消了回家的念头。慧珠觉得应该再试一下，于是她走进一家旅店，先美美地吃了一顿，再甜甜地睡了一觉。第二天曙光熹微，略施粉黛、容光焕发的慧珠又带着求职材料，十分自信地来到一家位于一座十分气派的大厦的公司。

人事部经理粗略看了一下慧珠的简历后，说要把慧珠引荐给老板。慧珠一听又惊又喜。于是，慧珠稍稍整整衣服，顺顺头发，竭力保持脸上的平静，走进那间宽大豪华的总经理室。“坐。”只见那位被称为王总，40多岁的老板头也不抬地说了声，就又忙开了。

“您好，王总，这是我的简历，应聘贵公司的营销策划。”为打破僵局，慧珠毕恭毕敬地把材料递了上去。

“嗯。”王总皱起眉头看了起来。慧珠想集中精力去打这场仗，可人家根本“不开火”，只顾埋头看慧珠的简历。没关系，既然坐在这了，自己总不能输了阵势。慧珠依然正襟危坐，目不斜视，面带微笑地看着他。

差不多过了5分钟，王总终于开“金口”了：“很抱歉，让你等了这么长时间。我们在做一个小实验，试试你的耐心，这是从事营销工作所必需的，你也知道的。不过，你这方面的能力似乎很不错。”

“噢，谢谢您的夸奖，如果我不具备一点耐心，我现在也就不会坐在这里了。”接下来的10分钟，慧珠认真地回答老板的提问。

“好，你可以走了。”

半年来的辛苦难道就这么不了了之？刹那间，有种拼命想挽回什么的意念紧紧笼罩着慧珠，占据着慧珠的思维。然而，老板仍旧毫无表情。绝望之中，慧珠只能拖着沉重的步子慢慢移动。

快走到门口时，一丝最后的留恋使慧珠转过了身。与生俱来的本能使慧珠激动地对王总说：“王总，我很希望能应聘成功。我不怕任何竞争，更希望能与贵公司荣辱与共。我的学历虽然差了些，然而我取得的自学考试工商管理本科毕业证是我能力和资格的最好证明。如果您能聘用我，一定不会后悔的。”说完这些，慧珠的眼眶有些潮湿了，半年来的担忧、心酸都凝结在里面。但慧珠抑制住了，她让内心保持坚强，轻轻地带上了房门……

第二天中午，正当慧珠拿着材料要去另一家公司时，她的手机响了，接通后一听是王总秘书的声音，她告诉慧珠，下周一来上班。就这样慧珠被录用了。一年后，慧珠已升为公司市场营销公关策划部经理，大学所学的专业知识也全部派上了用场。人们都惊羡慧珠的风光无限，却没有人知道那个疲惫的黄昏，慧珠差点踏上回家的火车。

害怕挫折不敢尝试的人永远都不会享受成功的乐趣。成功不在于永不失败，而在于屡败屡战。美学家朱光潜认为，正路并不是平坦大道，难免有些曲折和坎坷险阻，要绕一些弯，甚至难免误入歧途。在接受了挫折后，你是否还有些勇气喊出“再试一次”呢？再试一次代表的是一种永不言败的精神，是勇于挑战的决心。

第十章　感恩失败

失败是成功的基石，是通向成功的阶梯。每一次失败都能磨炼我们的意志，培养我们的勇气，考验我们的耐心，锻炼我们的能力，只有经历一次次失败才能积累起获得成功的经验。失败并不可怕，只要我们坦然勇敢地面对失败，锲而不舍地前行，成功就会出现在下一个路口。

1. 失败是一剂苦口良药

一般来说，所有追求事业的人，无不在渴望着成功，但在追求成功的道路上，失败总是不可避免，它是人生乐章中一个不和谐的音符。有的人因失败而沉沦，因为他们回避失败；有的人因失败而奋进，因为他们正视失败。

失败是一面镜子，它能让我们发现自己的弱点和不足，当我们把造成失败的沟壑填平后，成功便会奇迹般地出现在我们面前；失败是一剂苦口良药，它能让我们由幼稚变成熟，由轻浮变稳健，由急躁变冷静，由狂热变清醒。

因此，从失败中得到的体会将使我们终身受益，失败是通向成功的阶梯。多一次失败，便缩短一点通向成功的距离。只要我们锲而不舍地踏着失败搭成的阶梯不停地攀登，成功就会在不经意间拥抱我们。

人生并没有真正的失败，有些人多年后再回想起失败时，他们是心存感恩的，因为没有曾经的失败，或许今日的他们依然如昨日的他们一样，不会成功。

一位有成就的女性民营企业家，在介绍经验时，表达了自己的感激之情：她感谢当年不录用她的航空公司以及一些知名大公司对她的拒绝，正因为这些拒绝，才让她有了自己开公司当老板的念头，才让她以积极的心态在这个领域中继续努力，从而取得了以前无法想象的成功。

失败既无可避免，也并非毫无益处。其实失败是人生固有的，失败是可以接受的，也是应该接受的。对一个尚未起步或刚刚起步的年轻人来说，清楚人生的这些状况很有必要，这样就可以调整自己的心态，制订更长远的人生目标。

英国小说家、剧作家柯鲁德·史密斯曾经这样说："对于我们来说，最大的荣幸就是每个人都失败过，而且每当我们跌倒时都能爬起来。"

一名成功的保险推销员达比给拿破仑·希尔讲了一个故事，并说他自己的成功就得益于此：达比曾跟伯父去淘金，本来他们发现了一流的富矿，全家人高兴极了，可是挖着挖着没了矿脉，费了好大的劲也没有再找到矿脉，于是他们把机器廉价卖给了旧货商打道回府了。那名旧货商找到了一位工程师，经过实地勘察发现这只不过是一个断层。于是旧货商继续开采，结果下掘三尺便又发现了矿脉，达比及其伯父轻易地放弃了一个发财的机会。

失败有时距离成功也就只有那么三尺，有时或许只差毫厘。所谓失败，其实就是自己的一种感觉，是在通往成功的过程中，由于自己的行动多次受阻而产生的绝望感，是自己在心中滋长起来的“纸老虎”。对于这种吓人的张牙舞爪的“纸老虎”，你不打，它是不会倒的。

在前进的路上，我们可能会做错，可能走了弯路，可能离原来的目标更远了，但是，这一切都是宝贵的体验和收获，如果我们愿意进一步地尝试和努力，那么原来的错误就是我们前进的阶梯。但是，如果我们在挫折之后对自己的能力或“命运”产生了怀疑，产生了失败情绪，想放弃努力，那么我们就真失败了。

“失败是成功之母”，如果仅从字面上考究，我并不同意这种说法，换个表达方式可能更好一些，那就是：错误和尝试是成功之母，而失败仅仅是自己的一种感觉，一种绝望的感觉。在客观世界中，没有什么失败。

一个人在工作和生活中会遇到各种障碍、困难，遭受很多失败、痛苦。在失败面前，有的人会产生暴怒、恐慌、悲哀、沮丧、畏缩等情绪，影响了学习和工作，损害了身心健康。而有的人却笑对失败，对环境的变化做出灵敏反应，善于把不利条件转化为有利条件，摆脱困境，走向成功。

失败是为了下一次成功。成功固然重要，但是失败的经历也同样重要，只有在失败之中我们才能找到取得成功的经验。失败的经历给我们提供了许多宝贵的经验，让我们知道了如何让未来的生活过得更有意义。

爱迪生表示，自己喜欢成功的感觉，但是失败也是自己需要的，对于自己来说成功与失败具有同样的价值，只是它们的取向不一样。只有在失败以后，自己才能找到成功的方法。这是他在许多次失败以后总结出的一条宝贵经验。从他的话中，我们应该得到这样的启示：只有不害怕失败，深知失败意味着什么，才有可能获取成功。从某种意义上说，我们应该感谢失败带给我们的启发和经验。

失败是不可避免的，所以，请你正视失败。失败并不意味着你是失败者，只是表明你该换一个方向；失败并不意味着你必须放弃，只是表明你还要继续努力；失败并不意味着命运对你不公，只是表明命运还有更好的给予。失败生出沉甸甸的麦穗，等待着成功者来收获。

失败本身并不可怕，可怕的是失败得没有价值。一个人虽然犯了点小错误，但如果他能总结失败的教训，知道自己为什么失败，并不再犯更大的甚至是致命的错误，则错误对他来说是无价之宝，比成功的经验还重要。一个人虽然取得了一点成绩，但如果不善于总结成功的规律，不知道自己为什么成功，就不可能保证永远成功，这种成功比失败更可怕。

世界发明大王爱迪生在试制电灯灯丝的过程中，曾经试验了几千种材料。有人说他失败了几千次，他说："不，起码我知道这几千种材料不能用来做灯丝。"对于这样伟大的发明家来说，同样一项试验，站在这一角度可能是失败，站在另一角度则可能是成功。甚至还可以说，失败正在为成功铺路。

可口可乐的发明就是源于一次配方失败，X 光的发现也是源于一次试验失败，但这些失败的人最终从失败中受益无穷，其根本原因就是他们对失败进行追问，追根溯源。知道为什么失败，就是成功。

因此，人只有经过失败，并利用失败，才会走向成功。正如一位伟人所说，错误和挫折教育了我们，使我们变得聪明起来。

我们要保持沉稳的心态和坚定的信念，败而不馁，在失败后用冷静的目光审视失败，总结失败的经验教训，会重新获得智慧和力量。失败是暂时的，失败并不能说明我们已与成功无缘，只是说明我们暂时还与成功无缘。在失败时不失去奋斗的信心和勇气，只要敢于拼搏，就能拥有成功的希望。

失败如同一剂苦涩的良药，虽然苦口，但利于成功！

2. 不要让失败挡住双眼

人生难免会遇到失败，在人生的旅途中有顺境也有逆境，这正如我们走在路上，不会一路都是绿灯，也不可能一路都是红灯一样。顺境时不能骄傲，逆境时要挺起腰板坚持下去。

罗伯特·麦瑞尔是位已经演出了近 5000 场，曾经为多位美国总统演唱过的美国著名男中音歌手，他那震人心魄、令人陶醉的美妙歌声，至今仍令千万人着迷。可是，又有谁知道这位在纽约布鲁克林贫民窟长大的小男孩，有着严重的口吃？天知道他多少次战胜了自己。在学校读书时，他连回答老师的问题都害怕。"那时，我最害怕在全班同学面前被提问，只要我知道哪天我该被提问了，我就逃学，万一我被提问了，我就背对着全班同学站着回答问题。同学们都嘲笑我。"他回忆说。但如今，他常常站在成千上万人面前为他们演唱，那美妙的歌声让他赢得了雷鸣般的掌声。

年轻人都有远大的理想抱负，都希望有一天能够出人头地。但是，在前进的路途中难免会碰到各种各样的失败。世界上没有专门为我们建造好的乐园，人生道路也不全是用鲜花铺就的，那么，我们又有什么理由去埋怨命运的不公和生活的坎坷呢？人生就像一条奔腾的河流，只有遇到礁石才会溅起美丽的浪花。

步入社会后，只要有所追求，失败总会如影随形，成为人生中极深刻的体验。不过每一次失败都是一次考验，失败的结果可以使一个人丧失斗志，也可能使一个人发愤图强。

著名科学家钱学森说："没有大量错误做台阶，也就登不上最后正确结果的高座。"那些失败了不气馁，又振作精神从头再来的失败者，比那些轻而易举获得成功的人更值得尊敬。

失败不以我们的意志为转移，所以我们要冷静地面对它。人生中的成败一般都是有规律的，往往是这样：成果未就，先尝其苦；壮志未酬，先遭其败。可以说，一个人追求的目标越高，越是好强上进，就越容易体验到挫折感。

失败对人而言，有利也有弊。于利而言，它能激发一个人的潜能和斗志，增强他的韧性和承受能力。于弊而言，它会造成心理上的伤痕和行为上的偏差，甚至有可能造成成长环节上的缺陷。坚强的人会常常告诫自己：人生没有一帆风顺的旅途，接受挑战是一种乐趣。

德国天文学家开普勒，在母腹中只待了七个月就早早来到了人世，从童年起一直多灾多难。后来，天花又让他变成满脸麻子的模样，猩红热又弄坏了他的眼睛。但他凭着顽强、坚毅的品质努力读书，学习成绩遥遥领先。后来因父亲欠债他失去了读书的机会，他就一边自学，一边研究天文学。在以后的生活中，他又经历了多病、妻子去世、良师去世等打击，但他仍然坚强地挺立着，从未停下对天文学的研究，终于在59岁时发现了天体运行的三大定律。他把一切不幸都化作了推动自己前进的动力，以惊人的毅力摘取了科学的桂冠。

俄国伟大作家托尔斯泰就是从一次又一次的挫折中站起来，重新审视自己，最终才成为文学泰斗的。巴尔扎克也说："挫折和不幸，是天才的进身之阶，信徒的洗礼之水，能人的无价之宝，弱者的无底深渊。"

是的，小树苗不经历狂风暴雨，长不成参天大树；生铁不经过千锤百炼，成不了坚硬的钢材。命运是一位伟大的雕塑家，它有时会举起铁锤在你身上敲打，这虽然会使你痛苦，但同时也会让你坚强。痛苦像一把犁刀，它有时会割破你的身体，让你流下热血和眼泪，但同时也会开掘出你生命中新的水源。

莫因暂时的失败而长吁短叹，莫因路途坎坷而灰心丧气，莫因厄运降临而意志消沉。诅咒和泪水于事无补，只有拼搏的火种才能燃起希望之光。

我们要拥有清醒的头脑，并时刻保持全新的自我。失败所造成的严重后果往往不在于失败本身，而在于失败者对待失败的态度。聪明的人能在失败中学到教训，处之泰然，知道自己失败之后应该怎么做。愚蠢的人只会一再失败，而不能从中学得任何经验。一旦遇到失败就惶恐不安，不知所措，任其自然或极力掩饰，这样是不会有什么作为的。

“我在这儿已工作了30年。”一位员工抱怨自己没有被提升，“我比你提拔的很多人多20年的经验。”

“不对。”老板说，“你只有一年经验，你没从自己的错误中学到任何教训，你仍在犯你第一年开始做事时的错误。”

真是个好悲哀的故事！即使是一些小小的错误，都应从中学到些什么。很多时候，我们不要局限在事实表面，不要以为错了，失败了，就别无选择了，而要透过事实看到本质，知道为什么会犯这样的错误并加以改正，才能有所进步。如果你能从一次失败中得到一个或多个经验，那么这次失败就是值得的。

美国著名的钻石天地公司成立之初是从事钻石开采工作的，但公司的地质勘探人员犯了一个错误使他们没找到钻石，却发现了大片镍矿。公司决策人员立即调整了经营方向，结果，公司的股票价格迅速飙升。现在，尽管公司仍在使用以前的名称，但其真正的业务却是制造镍币。

有智慧头脑的人不会让失败挡住双眼，因为他们懂得放弃，懂得为了成功重新做选择。

俗话说：“退一步海阔天空。”我们正年轻，当遇到失败的时候，不要以为一切都无法挽回了，要告诉自己还有希望，此路不通，另辟蹊径。做你想做的，你还是可以成功的。

维斯卡亚公司是20世纪80年代美国著名的机械制造公司，其产品销往全世界，代表着当时重型机械制造业的最高水平。许多人毕业后到该公司求职都会遭到拒绝，原因很简单，该公司的技术人员已经爆满。但是令人垂涎的待遇和令人羡慕的地位，仍然向那些有志的求职者闪耀着诱人的光芒。

詹姆斯是某知名大学机械制造业的高才生，和其他人一样，在该公司每年一次的用人测试会上，他的申请被拒绝了。其实，这时的用人测试会已经是徒有虚名了。但詹姆斯没有心灰意懒，他发誓一定要进入维斯卡亚公司。于是他采取了一个特别的策略，那就是到公司人事部，提出为该公司提供无偿劳动。不管公司分派给他什么工作，他都不计任何报酬来完成。公司起初觉得这不可思议，但考虑到不用任何费用，也用不着操心，于是分派他去打扫车间里的废铁屑。一年来，詹姆斯勤勤恳恳地重复着这种简单劳累的工作。为了糊口，他下了班还要去酒吧打工。这样做虽然让他得到了老板及工人们的好感，但是仍然没有一个人提到要录用他。

1990 年年初，公司的许多订单被退回，理由都是产品质量有问题，为此公司将蒙受巨大损失。公司董事会紧急召开会议商议解决办法，当会议进行到一大半却毫无进展时，詹姆斯闯入会议室，提出要直接见总经理。在会上，詹姆斯把问题出现的原因做了令人信服的解释，并且对工程技术上的问题提出了自己的看法，随后拿出了自己对产品的改造设计图。

这个设计非常先进，恰到好处地保留了原来机械的优点，同时也克服了已出现的弊病。总经理及董事会的董事见这位清洁工如此精明在行，就询问他的背景和现状。詹姆斯面对公司的决策者们，将自己的意图和盘托出。经董事会举手表决，詹姆斯当即被聘为公司负责生产技术的副总经理。

原来，詹姆斯在做清扫工时，利用清扫工可以到处走动的便利，细心察看了整个公司各部门的生产情况，并一一做了详细记录，发现了公司存在的技术性问题并想出解决的办法。为此他花了将近一年的时间搞设计，做了大量数据统计，为最后的成功奠定了基础。

詹姆斯的聪明之处在于，他在遇到难以克服的困难时，放弃了从正面进攻的方法，转而采用了一个小小的策略，重新选择了求职之路，最后照样取得了成功。

有的失败转眼就会被我们忘记，有些却能给我们留下深深的伤痛。但是，不管怎样，我们都不应该惊慌失措、犹豫不决。失败了，要勇于放弃引你走进失败的那条路，果断地为自己重新选择一条通向成功的路。

3. 用微笑和热情拥抱失败

失败并不可怕，可怕的是掉进失败的深渊中不能自拔。我们要抛开抱怨，用微笑和热情拥抱失败，进而鞭策和鼓励自己在通往成功的道路上继续勇往直前。

对于一些人来说，失败意味着完结，但对于那些接受失败和热爱挑战的人来说，失败是一次宝贵的经历，是一次新的开始，是一个达到新高度的跳板。他们甚至不用“失败”这个字眼，而是代之以“失误”“受挫”和“新起点”等词汇。

有人问美国古柏建材公司前董事长拜伦，在他的创业历程中，遇到的最棘手的问题是什么？他表示自己不知道什么是最棘手的问题，只知道尽自己最大的努力去做事。

老人牌麦片公司曾收购过一家电子计算机商店和一家化妆品商店，后来因经营不善都关闭了。公司董事长威廉·史密斯伯承担了这两次失败的责任，事后他对属下们说：“我希望你们的骨子里有一种敢于冒险的特质，哪怕这次冒险把事情搞砸了。我们公司的高层人员中，没有一个没犯过类似错误的，包括我本人在内。这就像学滑雪一样，不栽跟头是永远学不会滑雪的。”

太阳食品有限公司原总经理李照森之所以能够创业成功，是因为他善待失败，始终能用微笑和热情拥抱失败。

李照森自创业以来，饱尝了挫折和失败的滋味。然而李照森是个铁骨铮铮的硬汉，他从未屈服过，一路走来谱写了精彩的奋斗篇章。

1984 年，李照森在吃“鱿鱼锅巴”时，突发奇想：如果把只在饭桌上才能吃到的锅巴变成人们手中的小食品该有多好。于是，他开创了“太阳锅巴”。“太阳锅巴”可谓顺应市场需求，一经问世便受到广大消费者的青睐，一时间出现供不应求的热销局面。1990 年 11 月，李照森出国考察结束后回到公司一看傻了眼：从库房到院子到处堆满了积压的产品。

见此情景，李照森顿时慌了手脚，他忙中出错，做出一个错误的判断：锅巴卖不动是因为市场上假冒伪劣产品的冲击，由于假“太阳锅巴”质量低劣，大家连真“太阳锅巴”也不敢吃了。于是打假大战打响了。

为了打击假冒伪劣锅巴，李照森决定采取降价销售措施，试图使假冒商品无利可图而退出市场。然而效果却不明显，简直是劳而无功。李照森第一次尝到了苦头。

1991 年，“太阳锅巴”的销售额从 1990 年的 1.5 亿元一下降到 5000 万元；1992 年，销售额又掉到 4600 万元，亏损 300 万元；1993 年，销售额跌至 4200 万元，亏损 700 万元。

许多领导和员工见公司效益日渐下滑，一个个像泄了气的皮球，对公司前景极为失望。只有李照森越挫越勇，他相信自己仍有回春之力。李照森召集领导班子对失败的原因进行了深刻反思和研究，结果发现，原来从10月开始是锅巴销售的淡季。

李照森身边的人认为他最大的特点是豁达、乐观，无论面对多大的困难，他总是不断进取，从不悲观消沉。

面对崭新的问题，李照森又要从头开始。于是他试图努力寻找新的“亮点”，重新开发出新产品，重新抓管理、抓质量，重新开拓市场。

1994年，公司又选择了最容易下手的方便面作为突破重点，生产了“三高面”，结果失败了，赔了120万元。

1994年11月，李照森将突破重点转到婴儿营养品“助哺宝”。但因缺乏资金支付巨额广告费，李照森只能被迫放弃，甘愿认赔。

一次次的失败经历告诉李照森，胡乱出击是行不通的。李照森心想，在哪里跌倒，就要在哪里爬起来。于是，他又想起了虽日落西山却余威不减的“太阳锅巴”。李照森觉得，“太阳锅巴”的销售尚未到达周期，是被突然扼杀的，并未走到穷途末路。还有，“太阳锅巴”在北京卖得很火，已经占据了50%的市场份额，华东地区的需求潜力值得进一步挖掘。

1995年年初，经过大手笔重新策划和包装，公司决定首先拿出200万元打开天津锅巴市场，成功后再开辟上海市场。4月，“太阳锅巴”在天津卷土重来，正赶上世乒赛的良机，“太阳锅巴”顿时火遍津城。然而好景不长，11月来临，广告一停，锅巴市场又陷入萧条局面之中。李照森不得不再次暂时放弃。

这几年里，李照森就是这样在开拓—失败—开拓—再失败的磕磕绊绊中走过来的。他从不怨天尤人，也从未想过鸣金收兵。虽然失败频频向他袭来，但他凭借自己打不垮、捶不烂的坚强意志硬撑了下来，始终勇往直前。这也让他一步一步走向了成熟，提高了企业家必备的素质。

东方不亮西方亮。尽管“太阳锅巴”陷入低谷，但公司的另一产品“八珍牛肉甜辣酱”却销售得相当不错。该产品于1993年被开发出来，当年就销售三千箱，1994年销售两万箱，1995年销量猛涨到三万箱。李照森多年积累的经验使他认识到，在甜辣酱上做文章会大有作为，前景十分看好。

李照森认为，应该给“八珍牛肉甜辣酱”换个名字，最后“八珍牛肉甜辣酱”变为既有传统文化背景，又有民族特点的“阿香婆”，其中还蕴含着

“多年的媳妇熬成婆”的意味。李照森也想借此来喻示自己的创业经历，他这位多年的“媳妇”也快要熬成“婆”了。

“阿香婆”一上市，就畅销京津地区市场。很快，“阿香婆”就打入全国市场，几乎成了家喻户晓、人见人爱、不可多得的美味。1996年1月至7月，公司仍亏损690万元，8月便扭亏为盈，创利税400万元，9月创利税近千万元，10月利税达1500万元。

“阿香婆”的问世，终于让李照森迎来了创业史上的春天，也让他这位屡败屡战、永不服输的商场战将获得了回报。

以上这些人都具备的一个共同点，就是他们都能用微笑和热情拥抱失败，坚定地追求自己的目标，敢于冒险，不怕失败。因为他们都能深刻地认识到：不抱怨，不抛弃，不放弃，战胜困难，下一步定会成功！

4. 让失败成为成功的垫脚石

对于有的人来说，失败是一种考验，是成功的必经之路。对于有的人来说，失败是一片巨大的乌云，遮住了太阳，从此再无光明。其实，太阳永远在高空对你微笑，它对一切生灵一律平等相待，不照你过去，只耀你现在。可能你正沉浸在无助的回忆之中，痛悔自己的过失，认为自己已无药可救，面对失败，自暴自弃，自甘堕落，甚至想结束自己的生命。

失去了星星，我们不能再失去月亮，与其灰心丧气，哀声叹息，不如重整旗鼓。以往的失败和成功已成为往事，我们虽然无法预料未来，但我们可以以乐观的态度来面对失败。年轻是你的资本，失败是你的财富。经历过失败，才能知道成功的伟大，经历过风雨，才能见彩虹。我们要对生活充满憧憬，对自己充满信心，让失败成为成功的垫脚石。

纵观名人创业史，几乎没有一个不经历失败就顺利地走向成功的。正因为一次次经历失败，然后一次次从失败中汲取有益的东西，他们才最终创造出了惊人的成就。我们这里要讲述的是企业家李宇松的故事。

李宇松生于1971年，1989年，他就读于北京化工大学自动化专业；1994年，他到北京恒升公司工作，曾任全国市场经理；1995年他开办大连豪仕电子有限公司，任总经理；1996年，他在中国台湾神脑有限公司任产品经理；1997年，他在四川鼎天科技北京分公司任事业部总经理；1998年，他就职于

TCL（创意感动生活）电脑有限公司，历任山西首席代表、总部销售管理中心经理、华东区总监、家用电脑事业部总经理等职；2002 年 8 月，他就任江苏宏图三胞科技发展有限公司执行总裁。

李宇松虽然只有40 多岁，却有着丰富的人生经历。从一马平川的顺境到自办企业破产后的痛苦，从行销、生产到卖场型企业主管角色的转换，每一次经历都是他的人生财富。一次次经验的累积，赋予他担负大企业管理重任的知识和能力。大学毕业后，李宇松在一家医疗器械企业工作，本打算当一辈子工程师，谁料上天偏偏要改写他的命运。一次出差路上，企业老总即兴谈起销售，说把产品卖出去是公司最重要的事，年轻气盛的他于是决定改做销售。凭着善于交际的天赋，初出茅庐的他很快获得价值十多万元的订单，拿到一大笔提成，因业绩突出被提拔为销售经理，实现了人生中的第一次飞跃。

命运似乎特别眷顾李宇松。后来他转到北京恒升公司，依旧一帆风顺，被分配到门市部做销售。为解决销量不高的问题，着急上火的老总承诺，谁让销量翻一番，谁就当门市经理。李宇松盘算了一下，另外两名老业务员总是悄悄把客户拉到别的门市去，如果能保证业务不流失，翻一番是很有可能的。于是，他自告奋勇挑起了这副担子，销量如预期那样升了上来。之后，他用了一年时间建立起公司的全国销售体系。

随着业务量的增长，他在公司的地位也日益上升，这使他渐渐萌生出自己当老板的想法。1995 年，他毅然决定辞职，带着几年的积蓄来到大连开办一家小公司，做起兼容机和 DEC（美国数字设备公司）机器代销业务。

经过半年的苦心经营，李宇松小赚了一笔。为了扩大规模，改善工作环境，李宇松把办公室搬进了豪华写字楼，员工数量也增加了一倍，想把事业做得更大。谁料结果竟赔了个精光，还欠了一笔债，身无分文的他只得打道回府。

创业失败让这位阅历尚浅的年轻人遭受了沉重的打击，不过最后他还是想清楚了：失败只是暂时的，并不代表他永远都将失败。

失败是过分强调个人力量所致，一个好的销售平台是员工们共同打造的，个人的成功离不开平台提供的许多看不见的知识和资源。于是，李宇松很快走出失败的阴影，以饱满的精神状态开始了新的工作。1998 年，李宇松到 TCL 就职，被委任为山西首席代表。他单枪匹马开车到山西，找到办事处，才发现办公室只是三间租用的民宅。

当时，从家电转向电脑行业的TCL正处于转型期，李宇松分析市场后认为：新品牌竞争尚不激烈，有很大的市场空间，如果能把TCL的品牌优势充分发挥出来，是完全可以打开市场的。于是，他邀请当地四五十家经销商召开了一个代理商大会。TCL电脑在山西很快打开了市场，李宇松也因此得到了公司老总的赏识，调到TCL电脑总部销售管理中心任经理。

后来李宇松回忆在TCL总部的工作经历时说："TCL给了我学习机会，通过系统培训，我了解了生产企业的全过程，看到了企业经营的全局，知道了每个环节扮演的角色，懂得了厂商、代理商和客户的关系，这些都为我后来的工作打下了基础。"

而宏图三胞新的销售模式使李宇松看到了未来渠道的发展方向。2002年8月，受总裁袁亚非之邀，他就任江苏宏图三胞科技发展有限公司执行总裁。

走马上任后，李宇松首先对内部管理结构进行了调整，在前平台设立了11个产品事业部，让每个产品经理管理1~5个品牌；让企划部配合产品事业部做好产品规划、市场推广、促销活动和广告宣传工作；技术管理部门负责技术和销售支持、产品检验、用户方案制订；向上游企业采购、采购计划审核、货物运输、需求信息分析及财务、售后服务等工作，交由后平台负责。至于这么做的好处，李宇松解释说："宏图三胞经营的产品有上千种，几乎要什么有什么，又不产生大量的库存，这就需要一个井然有序的物流、信息流、资金流管理平台做支撑。其实，内部资源的合理分配、有效利用也能节省开支。比如，打一次广告可以让14个卖场共同分享，分摊到每个卖场、每个产品上的费用就很低。"

宏图三胞在开拓卖场的同时，也尝试做过一些批发生意，但批发业务开展得不理想，公司准备取消批发业务。可是李宇松认为，卖场型公司如果只专注于零售，等于自动放弃巨大的商用市场。县、市级市场有大量公司自己无法服务到终端的客户，当地经销商由于远离中心市场，批货能力有限，很难得到很好的服务和优惠的价格。采用传统的广开渠道的批发模式，很难处理好卖场与渠道的关系。如果宏图三胞扮演坐商的角色，把卖场仓库作为小经销商的库房，通过媒体传播价格信息，让代理商主动上门批货，这个矛盾就能得到很好的解决。

进军批发领域的工作部署完毕，忙碌了很长时间的李宇松依然丝毫不敢懈怠。他知道，3月批发业务全面展开后，接下来的事情还很多，他正为新一轮的竞争做着准备。

常言道“商场如战场”，在商场中摸爬滚打，必须做好迎接失败的心理准备，并且要善于从失败中学习，让失败成为成功的垫脚石。只有以这种心态在商海中拼搏，才能赢得更多的成功机会。

5. 感恩失败，做越打越转的陀螺

失败并不可怕，可怕的是我们用失败命名自己，从此一蹶不振。很多人一旦失败，就很难再重新开始自己的选择。他们在原地怨天尤人，觉得自己再也没有成功的希望了。人生中的每一个阶段我们都会遇到各种各样的难题，很多时候，并不是失败有多么惨重，并不是客观条件带给我们多大的阻碍，恰恰是我们自己把自己吓倒了；并不是因为事情难我们不敢做，而是因为我们不敢做事情才难的。我们首先在自己的心里击垮了自己，导致自己再也不敢去尝试、去重新开始。

失败并不可怕，可怕的是我们沉浸在失败的阴影里无法自拔。我们总是责备自己，并把自责当成我们最好的依赖。这种不自觉的貌似可以凭借的依赖，恰恰是我们人生长堤上的蚁穴，只要一点点，就足以毁掉我们的整个人生。感恩失败是让我们用失败激励自己，而绝非用失败击毁自信。只有抛弃过去的种种阴影，我们才能迈开大步向前进。

他出身很不好，父亲是一个赌徒，母亲是一个酒鬼。父亲赌输了，又打母亲又打他；母亲喝醉了也拿他发泄。他在拳脚交加的家庭暴力中长大，常常鼻青脸肿，皮开肉绽。因此，他面相很不好，学习也不好。他感觉自己这辈子几乎没有什么指望了，于是高中辍学，在街头当起了混混。

当他20岁的时候，一件偶然的事刺激了他，使他醒悟反思：不行,不能这样做。如果自己这样下去，岂不是和自己的父母一样一事无成，成为社会垃圾，人类的渣滓，带给别人、留给自己的都是痛苦。不行，自己一定要成功！他下定决心，要走一条与父母迥然不同的路，活出个人样来。可是就他那个样子能够做什么呢？他长时间思索着。从政，可能性几乎为零；进大企业发展，学历和文凭是目前不可逾越的高山；经商，又没有本钱……他想到了当演员——当演员不需要清白的过去，不需要文凭，更不需要本钱，而一旦成功，却可以名利双收。但是他显然不具备做演员的条件，他的长相就很难使人有信心，他又没有接受过任何专业训练，没有经验，也没有做演员的天赋。

“一定要成功”成为他的信念。一个人一旦下定了决心去做某件事，他就会排除任何艰难险阻。“一定要成功”的驱动力促使他认为，这是他今生今世唯一出头的机会。“绝不放弃，一定要成功”的想法一直在他的心里翻腾，把他的心都要撑炸了！于是，他来到好莱坞，找明星、找导演、找制片人，找一切可能使他成为演员的人，四处哀求：“给我一次机会吧，我要当演员，我一定能成功！”很显然，他一次又一次被拒绝了，但他并不气馁，他知道，失败一定有原因。他十分珍惜失败带给自己的教训，每被拒绝一次，就认真反省、检讨、学习一次。他痴心不改，又去找人……这么多的苦难和磨难，几乎使他付出了自己的一切。

时间过得飞快，转眼两年过去了，他花完了自己身上的钱，无法生存，于是，他便选择在好莱坞打工，做些粗重的零活。两年来，他遭受到1000多次拒绝。他暗自垂泪，失声痛哭。难道真的没有希望了吗？难道赌徒、酒鬼的儿子就只能做赌徒、酒鬼吗？不行，我一定要成功！他苦思冥想成功的捷径，但是一无所获。最后，他突然想到，既然不能直接成功，能否换一个方法？他想出了一个“迂回前进”的思路：先写剧本，待剧本被导演看中后，再要求当演员。经过两年追求梦想的风风雨雨，他已经具备了足够的经验和良好的素质。他有丰富的经验和素材来编写剧本。

两年多的耳濡目染中，每一次拒绝都是一次口传心授，一次学习，一次进步。因此，他已经具备了写电影剧本的基础知识。他不断地虚心请教，字斟句酌，花了很多精力和心血。一年后，剧本写出来了，他又拿去遍访各位导演：“这个剧本怎么样，让我当男主角吧！”大部分导演都对他的剧本做出了相似的评价，剧本故事内容还可以，但至于让他当男主角，简直是天方夜谭。他再一次被拒绝了。他不断对自己说：“我一定要成功，也许下一次就行，再下一次、再下一次……”经过了太多的打击和拒绝，他几乎绝望了。可是就在他遭受1300次拒绝的时候，奇迹出现了，一位曾拒绝过他20多次的导演对他说：“我不知道你能否演好，但我被你的精神所感动。我可以给你一次机会，就让你当男主角，看看效果再说。如果效果不好，你便从此断绝这个念头吧！”

为了这一刻，他已经做了三年多的准备，终于可以一试身手。机会来之不易，他不敢有丝毫懈怠，全身心投入。电影《洛奇》的第一部成为了奥斯卡最佳影片——他成功了！

他就是大家熟悉的史泰龙。

史泰龙的健身教练曾这样评价他：“史泰龙每做一件事都百分之百投入。他的意志、恒心与持久力都是令人惊叹的。他是一个行动家。他从来不呆坐着让事情发生——他主动地令事情发生。”如果史泰龙当初只是“想”成功，在茶余饭后做做明星梦，消遣一下，他就绝不会有今天。他经历了那么多的失败和拒绝，但是他却一次次地化失败为成功的动力，坚定自己成功的信念，并最终取得了成功！

失败并不意味你是一位失败者——失败只是表明你暂时尚未成功。

失败并不意味着你一事无成——失败表明你得到了经验。

失败并不意味着你浪费了时间和生命——失败表明你有理由重新开始。

失败并不意味着你必须放弃——失败表明你还要继续努力。

失败并不意味着你永远无法成功——失败表明你还需要一些时间。

失败并不意味着命运对你不公——失败表明命运还有更好的给予。

旺华教育集团在线学习平台免费学习

让孩子学习更有效！让教育孩子更轻松！

课程内容：学习方法、考试技巧、英语课程、作文课程、快速记忆、单词记忆、思维导图、潜能开发、习惯养成、演讲口才、感恩教育、励志课程、家庭教育、亲子沟通等。

1. 凡是购买本套书籍的家长和孩子都可以成为【旺华名师课堂】SVIP 会员，所有课程免费学习

2. 用微信扫描【旺华名师课堂】二维码，点击关注【旺华名师课堂】公众号（也可以在公众号搜索“旺华名师课堂”或“wanghuapeixun”）

3. 点击学员中心，在领券中心，点击感恩演讲 SVIP 会员，自动升级成为会员

4. 点击学员中心，选择分类课程或专栏课程，在线学习

5. 加入分类社群，如好孩子、智慧父母、小学英语、初中英语等

6. 如有疑问，请添加客服微信咨询，或给客服留言，客服会统一时间回复

7. 温馨提示：在 Wi－Fi 环境下观看学习视频课程和音频课程

旺华名师课堂

兑换会员免费学习

情商训练营

提升高品质的心灵境界，拥有和谐的人际关系

一、背景说明

大量研究证明：在学生智商基本相同的情况下，情商对提高学习效率、提升成绩以及综合素质具有明显的作用。

人们越来越认识到情商对青少年学习和一生发展有着极大的影响力，情商的价值已经不需要再证明。

目前一些发达国家的部分中学已经为学生开设了情商课程。国内的一些学校也启动了关于情商的课程。

但是，目前国内专业的、高水平的“情商训练师”却极其缺乏，没有专业人员，也没有系统的课程，无法真正有效地提高青少年的情商，无法满足青少年成长过程中日益迫切的提高情商的需求。

情商训练营课程采用美国耶鲁大学的情商体系，借鉴哈佛大学的经典情商理论和训练项目，结合中国的文化教育背景，整合心理学中有关情绪调整和人际沟通技巧中的经典操作技巧，全面、系统地介绍情商训练的实效方法，更能让你在这套课程中体验、感受并提高自己的情商。

仅仅知道情商的重要性远远不够，真正提高自己的情商，掌握情商训练的专业技巧，才能有效帮助到更多的家长和学生。

二、授课内容

1. 情商和智商的渊源及作用
2. 情商与理智的脑内运作机制
3. 自身情绪的觉察
4. 情绪的自我管理技巧
5. 深层次的自我激励
6. 同理心的修炼
7. 人际关系的沟通之道
8. 情商在多领域的应用

三、授课方式

理论讲解 + 技巧说明 + 操作演练 + 角色扮演 + 游戏互动

四、授课类型

1. 父母情商训练班
2. 青少年情商训练班

五、费用

4980 元（包括培训费、资料及教材费用，以上费用不含税费，开具发票需另加税费）。

六、培训时间和地点

时间：4 天　　地点：根据学员人数而定会议室或酒店

七、联系方式

徐望华读书会

你好！感谢缘分让你我有机会相遇！

我叫徐望华，从事了十几年校园感恩励志演讲和家庭教育讲座工作，我写了十几本畅销书。我是一个非常热爱学习的人，在学习的道路上，不断积累和搜集各种资讯，不知不觉有了大量的高价值的资料和课程。为了帮助和我一样爱学习的朋友，特此成立徐望华读书会，把我拥有的高价值的资料、课程免费赠送给你，帮助你节约大量的时间和节省大量的金钱，找到自己想要学习的资讯，从而有效提高学习效率，掌握有效的方法和考试技巧，快速提分，考上理想的大学，实现人生的梦想！

徐望华读书会提供的资讯涵盖面很广泛，比如：学习方法、考试技巧、英语课程、作文课程、快速记忆、单词记忆、思维导图、潜能开发、习惯养成、演讲口才、感恩教育、励志课程、家庭教育、亲子沟通等视频课程、音频课程和电子书。

请你用微信扫一扫下方小程序码，按照徐望华读书会的操作步骤去领取相关资料。

徐望华读书会

价值百万赠品大礼包：

1. 小学初中高中英语视频课程全套讲解课程
2. 北大才女刘媛媛 8 套视频音频课程
3. 世界记忆大师卢菲菲 6 套视频音频课程
4. 袁文魁《最强大脑初级班》视频课程
5. 邹越《让生命充满爱》演讲视频课程
6. 《考试单词全记牢》16 集视频课程
7. 《考试各科全记牢》16 集视频课程
8. 王金战《成才的阶梯》16 集视频课程
9. 王金战《育才方案Ⅰ好成绩源于好方法》10 集视频课程
10. 王金战《育才方案Ⅱ稳定的心态是成功的基础》10 集视频课程
11. 王极盛《心态决定分数》3 集视频课程
12. 王极盛《考试心理全程调节》6 集视频课程
13. 《学习密码》12 集视频课程
14. 叶瑞财《打造最强大脑》6 集视频课程
15. 王国权《中小学应试心理教育》15 集视频课程